Couvertures supérieure et inférieure
en couleur

LE PACTE DE FAMILLE.

LE PACTE DE FAMILLE ET LES CONVENTIONS SUBSÉQUENTES,

Entre la FRANCE *&* L'ESPAGNE ;

Avec des OBSERVATIONS sur chaque article.

Par M. DUPONT, Député de Nemours à l'ASSEMBLÉE NATIONALE.

DE L'IMPRIMERIE NATIONALE.

Juillet, 1790.

LE

PACTE DE FAMILLE,

ET LES CONVENTIONS SUBSÉQUENTES,

AVEC DES OBSERVATIONS SUR CHAQUE ARTICLE.

Obſervations préliminaires.

LORSQU'ON eſt obligé de diſcuter les intérêts des Nations, il faut tâcher de s'élever à la hauteur d'un ſi noble devoir, écarter tout ce qui eſt minutieux, repouſſer tout ce qui ſerait paſſionné, mépriſer tout ce qui pourrait tenir à des intérêts particuliers, réſiſter à l'entraînement des circonſtances, ne pas ſe déterminer par des conſidérations d'un jour, ne chercher ſes opinions que dans la nature, & les exprimer ſans art, avec la ſimplicité, la clarté, la grandeur qui appartiennent à la vérité.

J'avoue que dans la plupart des discussions que j'ai vu commencer, relativement à l'alliance de la France & de l'Espagne, cet esprit vraiment philosophique & vraiment patriotique ne m'a pas paru suffisamment déployé.

Il m'a semblé qu'on incidentait sur les mots, qu'on n'approfondissait pas les choses, qu'on cédait aux préventions d'un autre temps, qu'on ne jugeait ni ce qui convient aux Nations en général, ni ce qui importe à la nôtre en particulier.

Il s'agit de savoir s'il est utile aux Français & aux Espagnols d'être alliés, de se garantir mutuellement leurs possessions, de jouir les uns chez les autres de tous les avantages civils & commerciaux qu'il est possible d'accorder dans son propre pays, à ses propres concitoyens.

Ces conventions réciproques, sont la base d'un traité solemnel, fidèlement exécuté depuis trente ans.

Ce traité a été conclu dans un temps où la philosophie politique n'avait fait presqu'aucün progrès; ses formes sont surannées, son langage est devenu vieux, son style est en plusieurs endroits impropre ou mal sonnant. Il renferme même quelques stipulations dérogatoires à son esprit général, & qui pourraient devenir fort nuisibles à la sûreté commune, qu'on a voulu établir.

Mais tous ces défauts de l'écorce de ce traité, dont il est très-facile de le dépouiller, n'empêchent pas que le fonds n'en soit équitable & salutaire.

Que font en France les amis de l'Angleterre & du trouble, ceux qui veulent nous précipiter dans l'isolement au-dehors, ceux qui veulent entretenir l'anarchie au-dedans, ceux qui veulent nous conduire comme la Pologne au démembrement de l'Etat? ils s'attachent aux expressions, ils négligent l'essentiel, ils nous crient : » Rompez le traité; » abandonnez vos alliés; engagez-vous dans » une discussion très-embrouillée; en attendant qu'elle soit éclaircie, laissez accabler » la seule Puissance qui vous ait jamais efficacement prêté son secours, ou laissez-la

» s'unir avec la ſeule Puiſſance qui ait conſ-
» tamment montré l'intention de vous nuire,
» & qui croit avoir des intérêts oppoſés aux
» vôtres : vous verrez enſuite ce que vous
» aurez à faire. »

La raiſon, le bon ſens, l'honneur, ne di-
raient-ils pas au contraire : » confirmons de
» nos traités ce qui eſt évidemment honnête
» & utile, revoyons ce qui peut être injuſte
» ou dangereux; & comme cet examen doit
» être fait avec le ſang-froid, le temps &
» la maturité convenables, déclarons que nous
» ne ſouffrirons pas qu'on nous donne là-
» deſſus des conſeils les armes à la main. »

C'eſt ce que j'avais propoſé à l'Aſſemblée
Nationale le 19 Mai, dans l'article 2 du
Projet de Décret que j'ai ſoumis à ſes lu-
mières, & qui était ainſi conçu.

» La Nation Françaiſe maintient & main-
» tiendra, en toutes leurs diſpoſitions défen-
» ſives, les traités qui ont été conclus en
» ſon nom; mais ils ſeront ſucceſſivement
» ſoumis à l'examen des Repréſentans de la

» Nation, pour aviser aux changemens, mo» difications, ou améliorations qui pourraient » être nécessaires dans les autres dispositions » de ces traités »

Des dispositions défensives ne sauraient être nuisibles à personne.

Des dispositions réciproques pour favoriser & faciliter le commerce entre deux nations, ne sauraient faire tort à qui que ce soit.

Ces conventions protectrices & commerciales sont évidemment licites; car elles sont évidemment bienfaisantes : elles sont donc évidemment *obligatoires*.

Qu'est-ce qui peut n'être pas *obligatoire* dans les traités ? C'est ce qui peut s'y être glissé d'injuste, de malhonnête ou de criminel; car nul ne saurait être obligé à faire un crime, quelqu'engagement qu'il ait pu contracter par imprudence ou par erreur; mais nul aussi ne peut être dispensé de faire une action bonne, raisonnable & bienfaisante, lorsqu'il a promis de la faire : il y serait même encore obligé, quoique moins strictement, quand il n'aurait rien promis.

Il faut ſe former une idée de la poſition, où ſont entr'elles les diverſes Nations. Elles ſont une ſociété générale, mais encore peu réglée, qui n'obéit à aucune autorité ſupérieure, & où chaque nation ne formant qu'un ſeul Corps, ſe trouve vis-à-vis des autres, comme ſerait un ſimple individu dans un aſſemblage peu nombreux de voiſins indépendans.

Chacun d'eux y aurait intérêt à ce qu'aucun d'eux n'en opprimât un autre ; & lorſqu'il s'éleverait des querelles, ceux mêmes qui n'y feraient pas compromis, auraient intérêt à ce qu'elles ſe terminaſſent à l'amiable & ſans effuſion de ſang ; chacun en conſéquence pourrait & devrait s'oppoſer à toute violence, & demander à s'entremettre pour faire droit par raiſon & juſtice aux prétentions reſpectives.

Si quelques-uns avaient par eux-mêmes ou par confédération, une puiſſance prédominante, on pourrait & l'on devrait les balancer par d'autres confédérations.

Celles qui n'auraient pour objet que la

sûreté commune, devraient être respectées par tout le monde, & leurs engagemens défensifs devraient être religieusement observés par les contractans.

Les confédérations au contraire qui pourraient s'étendre à nuire aux droits d'un tiers, devraient inspirer de la sollicitude, & appeler des résistances. L'intérêt général serait de montrer que rien ne peut en garantir l'exécution entre des associés honnêtes, & que tout y doit mettre obstacle de la part de ceux qui les voient se former.

C'est d'après ces principes extrêmement simples, que l'on doit juger tous les traités, & que nous allons examiner le *Pacte de Famille*, & les conventions explicatoires auxquelles il a donné lieu.

Lorsque nous aurons discuté chacune des parties & des dépendances de ce traité, nous tâcherons de fixer par quelques observations très-claires, le résultat pratique que les bons Français, que les amis de l'humanité, que les hommes doués de probité, de courage, de raison, de prudence, en doivent tirer.

PACTE DE FAMILLE

Les liens du sang qui unissent les deux Monarques qui règnent en France & en Espagne, & les sentimens particuliers dont ils sont animés l'un pour l'autre, & dont ils ont donné tant de preuves, ont engagé Sa Majesté très-Chrétienne & Sa Majesté Catholique à arrêter & conclurre entr'elles un traité d'amitié & d'union, sous la dénomination de *Pacte de Famille*, & dont l'objet principal est de rendre permanens & indissolubles, tant pour leursdites Majestés, que pour leurs descendans & successeurs, les devoirs qui sont une suite naturelle de la parenté & de l'amitié. L'intention de Sa Majesté très-Chrétienne & de Sa Majesté Catholique, en contractant les engagemens qu'elles prennent par ce traité, est de perpétuer dans leur postérité les sentimens de Louis XIV de glorieuse mémoire, leur commun & auguste Bisayeul, & de faire subsister à jamais un monument solemnel de l'intérêt réciproque, qui doit être la base des

OBSERVATIONS

SUR LE PRÉAMBULE.

Pour juger ce préambule, il faut se porter au temps où le Traité a été conclu. Toutes les négociations politiques entre les Nations qui ont un Roi, se faisaient alors & se sont faites jusqu'à ce jour, entre les Princes & en leur *nom*. Les Français & quelques Républiques sont les seuls qui aient songé qu'il serait plus noble, plus philosophique & plus utile, de parler & d'agir au nom de la Société.

Nous ne pouvons blâmer les Rois de France & d'Espagne d'avoir fait, il y a trente ans, ce qui s'était toujours fait & ce que font encore les Rois même d'Angleterre.

Ils ont pû être déterminés par des raisons de parenté & d'amitié qui nous paraissent aujourd'hui n'avoir aucune importance, lorsqu'il s'agit de l'intérêt des Peuples, & qui influaient autrefois beaucoup sur les mariages de toutes les têtes couronnées.

Nous avons vû encore, il y a deux ans, le Roi de Prusse renverser par la force une République indépendante; nous le voyons chaque jour opprimer avec la plus odieuse tyrannie, tous les Citoyens vertueux de cette République, pour obliger sa sœur, son beau-frère, ses neveux. Et, parce qu'il est l'ami des Anglais, les autres amis que les Anglais ſavent ſe procurer, ſemblent craindre de verſer ſur ce Deſpote & ſur ſes Alliés, le mépris & l'indignation que leur conduite en Hollande, doit exciter dans tous les cœurs, où vit quelque reſpect pour la liberté & pour l'humanité.

Mais ce n'eſt pas à cauſe que le Roi de Pruſſe agit pour ſa ſœur en Hollande, qu'il eſt blâmable; c'eſt à cauſe qu'il agit contre la juſtice, contre la raiſon, contre le droit naturel, contre la liberté politique & civile d'une Nation, contre les droits de toutes. Les Anglais, qui paient les frais de ces expéditions, ne ſont pas moins repréhenſibles, quoiqu'elles ne tiennent, de leur part, à aucun *pacte de famille*.

La queſtion relative à la France & à l'Eſpagne, n'eſt donc pas de ſavoir ſi le motif énoncé dans le préambule de leur alliance, eſt ou non puérile; mais ſi cette alliance eſt, en ſoi, utile & honnête, ſi ſes principales ſtipulations ſont licites, ſi elles ſont avantageuſes aux deux Peuples, ſi elles ne ſont pas nuiſibles aux autres, & ce qu'il y faut ajouter, ce qu'on en peut retrancher, pour en faire un modèle d'alliance, vertueuſe & profitable.

desirs de leurs cœurs, & de la prospérité de leurs Familles-Royales.

Dans cette vue, & pour parvenir à un but si convenable & si salutaire, leurs Majesté très-Chrétienne & Catholique ont donné leurs pleins pouvoirs, savoir : Sa Majesté très Chrétienne au Duc de Choiseul, Pair de France, Chevalier de ses ordres, Lieutenant-Général des armées de Sa Majesté, Gouverneur de Touraine, Grand-Maître & Surintendant Général des Couriers, postes & relais de France, Ministre & Secrétaire d'Etat, ayant le Département des Affaires Etrangères de la Guerre; & Sa Majesté Catholique au Marquis de Grimaldi, Gentilhomme de sa Chambre avec exercice, & son Ambassadeur extraordinaire auprès du Roi très-Chrétien, lesquels informés des dispositions de leurs Souverains respectifs, & après s'être communiqué leurs pleins pouvoirs, sont convenus des articles suivans.

ARTICLE PREMIER.

Le Roi Très-Chrétien & le Roi Catholique déclarent qu'en vertu de leurs intimes liaisons de parenté & d'amitié, & par l'union qu'ils contractent par le présent Traité, ils regarderont à l'avenir comme leur ennemi toute Puissance qui le deviendra de l'une ou de l'autre des deux Couronnes.

ART. II.

Les deux Rois contractans se garantissent réciproquement, de la manière la plus abso-

OBSERVATION SUR L'ART. PREMIER.

Le motif tiré de la parenté et de l'amitié des deux Rois, quoi qu'il ait été l'occasion de ce traité avantageux des deux parts, est certainement au-dessous de la dignités des deux Nations, & peu conforme à leurs droits.

Mais qu'on dise : « La Nation & le Roi des François, & le Roi Catholique, en possession de stipuler pour sa Nation, déclarent qu'en vertu des intimes liaisons de commerce, d'intérêt, d'estime, d'amitié & de reconnoissance réciproques qui existent entre les deux Nations, ils regarderont à l'avenir comme *ennemie toute Puissance qui le deviendra de l'une ou de l'autre Nation* », l'article n'aura plus rien que de raisonnable, si les articles subséquens expliquent bien le *Casus fœderis*, & la manière de *devenir ennemie*. Or, cette manière est très-nettement expliquée dans l'article IV : *qui attaque l'une attaque l'autre*. Il en résulte qu'on sera beaucoup plus réservé à attaquer l'une & l'autre, et que par conséquent toutes deux seront beaucoup plus assurées de vivre en paix.

OBSERVATIONS SUR L'ART. II.

Les deux Nations contractantes par leurs deux Rois, (& il faut répéter que ni l'une, ni l'autre n'avaient en 1761; que l'une d'elle n'a encore aucune autre manière de

lue & la plus authentique, tous les Etats, Terres, Isles & Places qu'ils possèdent, dans quelque partie du monde que ce soit, sans aucune réserve ni exception; & les possessions, objet de leur garantie, seront constatées suivant l'état actuel où elles seront au premier moment où l'une & l'autre Couronne se trouveront en paix avec toutes les autres Puissances.

III.

Sa Majesté Très-Chrétienne & Sa Majesté Catholique accordent la même garantie abso-

contracter.) les deux Nations se sont garanties mutuellement toutes leurs possessions en l'état où elles se trouveraient à la paix qui devait suivre le traité, & qui s'est faite en 1763.

Cette stipulation est à-la-fois prudente & raisonnable. Elle est accompagnée, ainsi que le traité qui la renferme, d'une circonstance propre à toucher une Nation comme la nôtre. C'est au milieu d'une guerre malheureuse que nous avions à soutenir, que les Anglais avaient commencée en Pirates avec la dernière injustice, & dans laquelle nous avions déjà fait de grandes pertes, que l'Espagne est venue à notre secours, sur notre demande, avec beaucoup de péril & de générosité.

La morale française ne sera jamais assez dépravée par ceux qui voudraient la corrompre pour que de telles considérations soient sans pouvoir. Elle saura toujours opposer à leurs insinuations l'invincible égide du mépris.

OBSERVATIONS SUR L'ART. III.

Si la Confédération est purement défensive comme elle doit l'être, l'extension de confédération est, en général, une augmentation de sûreté. Les Etats de Parme,

lue & authentique au Roi des deux Siciles, & à l'Infant Dom Philippe, Duc de Parme, pour tous les Etats, Places & pays qu'ils possèdent actuellement : bien entendu que Sa Majesté Sicilienne & ledit Infant, Duc de Parme, garantiront aussi de leur part tous les Etats & Domaines de Sa Majesté Très-Chrétienne & de Sa Majesté Catholique.

I V.

Quoique la garantie inviolable & mutuelle à laquelle leurs Majestés Très-Chrétienne & Catholique s'engagent, doive être soutenue de toute leur puissance, & que leurs Majestés l'entendent ainsi, d'après le principe qui est le fondement de ce traité que, *qui attaque une Couronne attaque l'autre*; cependant les deux Parties contractantes ont jugé à propos de fixer les premiers secours que la Puissance requise sera tenue de fournir à la Puissance requérante.

il

il eſt vrai, ne ſont pas une Puiſſance; mais les deux Siciles en ſont une très-importante dans la Méditerrannée.

Au reſte, les choſes à cet égard ſont entières; l'adhéſion réſervée aux Etats des deux Siciles & de Parme n'a pas eu lieu.

OBSERVATIONS SUR L'ART. IV.

Remarquons que les deux Puiſſances déclarent que cet article eſt le fondement du traité, qu'il en poſe le véritable principe & la condition eſſentielle : *qui attaque l'une attaque l'autre.* Le mot *Nation* ſubſtitué comme il eſt toujours entendu au mot *Couronne.*

L'obligation de ſe ſoutenir de toutes ſes forces s'il eſt néceſſaire, celle de commencer par un ſecours dont l'étendue eſt déterminée, n'ont rien que d'utile & de ſage.

L'objet qui eſt de réprimer la Puiſſance qui *attaquerait* l'une ou l'autre Nation, eſt parfaitement conforme aux droits de toutes les Nations & à ceux de l'humanité; car nul ne doit *attaquer.*

V.

Il eſt convenu entre les deux Rois, que la Couronne qui ſera requiſe de fournir le ſecours, aura dans un ou pluſieurs de ſes Ports, trois mois après la requiſition, *douze vaiſſeaux de ligne* & *ſix frégates* armés, à la diſpoſition entière de la Couronne requérante.

V I.

La Puiſſance requiſe tiendra dans le même eſpace de trois mois, à la diſpoſition de la Puiſſance requérante, *dix-huit mille hommes d'Infanterie* & *ſix mille hommes de Cavalerie*, ſi la France eſt la Puiſſance requiſe; & l'Eſpagne, dans le cas où elle ſeroit la Puiſſance requiſe, *dix mille hommes d'Infanterie* & *deux mille hommes de Cavalerie*. Dans cette différence de nombre on a eu égard à celle qui ſe trouve entre les Troupes que la France a actuellement ſur pied & celles qui ſont entretenues par l'Eſpagne; mais s'il arrivoit dans la ſuite que le nombre des Troupes ſur pied, fût égal de part & d'autre, l'obligation ſeroit dès-lors pa-

OBSERVATIONS SUR LES ART. V. & VI.

Les ſtipulations de ces deux articles ne ſont que réglémentaires; ce ſont de ſimples moyens d'exécution.

Si la garantie réciproque eſt bonne, on a pu & dû régler les meſures à prendre pour la faire reſpecter par les uſurpateurs.

reillement égale de se fournir réciproquement le même nombre. La Puissance requise s'engage à assembler celui qu'elle devra fournir, & à le mettre à portée de sa destination, sans cependant le faire d'abord sortir de ses Etats; mais de le placer dans la partie desdits Etats qui sera indiquée par la Partie requérante, afin qu'il y soit plus à portée de l'entreprise, ou l'objet pour lequel elle demande lesdites Troupes; & comme cet emplacement devra être précédé de quelque embarquement, navigation, ou marche de Troupes par terre, le tout s'exécutera aux frais de la Puissance requise, à qui ledit secours appartiendra en propriété.

VII.

Quant à ce qui regarde la différence dudit nombre de Troupes à fournir, Sa Majesté Catholique excepte les cas où elles seroient nécessaires pour défendre les Domaines du Roi des deux Siciles, son fils, ou ceux de l'Infant,

Duc de Parme, ſon frère; de ſorte que reconnoiſſant l'obligation de préférence, quoique volontaire, que les liens du ſang & de la proche parenté lui imposeroient alors, le Roi Catholique, dans ces deux cas, promet de fournir un ſecours de *dix-huit mille hommes d'Infanterie* & de *ſix mille de Cavalerie*, & même toutes ſes forces, ſansrien exiger de Sa Majeſté Très-Chrétienne que le nombre de Troupes ci-deſſus ſtipulé, & les efforts que ſa tendre amitié pour les Princes de ſon Sang pourra lui inſpirer de faire en leur faveur.

VIII.

Sa Majeſté Très-Chrétienne excepte auſſi de ſon côté, les guerres dans leſquelles elle pourroit entrer ou prendre part en conſéquence des engagemens qu'elle a contractés par le traité de Weſtphalie & autres alliances avec les Puiſſances d'Allemagne & du Nord; & conſidérant que leſdites guerres ne peuvent intéreſſer en rien la Couronne d'Eſpagne, Sa Majeſté Très-Chrétienne promet de ne point

OBSERVATIONS SUR LES ART. VII & VIII.

Les deux Nations stipulant par les deux Rois, (& il ne faut pas cesser de remarquer qu'en 1761 elles n'avoient, que même l'une d'elle n'a encore aucune autre manière de stipuler,) ont pu faire les exceptions que leurs engagemens antérieurs, ou leur intérêt particulier ont rendu convenables dans leur confédération.

Ces exceptions sont encore dans la classe des dispositions réglementaires auxquelles les intérêts réciproques peuvent faire apporter en tout temps toutes les modifications qui pourraient sembler utiles.

exiger aucun ſecours du Roi Catholique, à moins cependant que quelque Puiſſance maritime ne prît part auxdites guerres, ou que les événemens en fuſſent ſi contraires à la France, qu'elle ſe vît attaquée dans ſon propre pays, par terre; & dans ce dernier cas, Sa Majeſté Catholique promet au Roi Très-Chrétien, de lui fournir ſans aucune exception, non-ſeulement les *dix mille hommes* d'Infanterie & *deux mille hommes* de Cavalerie, mais auſſi de porter, en cas de beſoin, ce ſecours juſqu'à *dix-huit mille hommes d'Infanterie* & *ſix mille de Cavalerie*, ainſi qu'il a été ſtipulé par rapport au nombre à fournir au Roi Catholique par Sa Majeſté Très-Chrétienne, Sa Majeſté Catholique s'engageant, ſi le cas arrive, de n'avoir aucun égard à la diſproportion qui ſe trouve entre les forces de terre de la France & celles de l'Eſpagne.

IX.

Il ſera libre à la Puiſſance requérante d'envoyer un ou pluſieurs Commiſſaires choiſis parmi

Au reste, on voit que ces exceptions ne s'étendent pas aux guerres maritimes qui sont celles où les deux Nations ont essentiellement besoin d'être unies pour résister à la grande puissance maritime de l'Angleterre.

On voit de plus que toute exception cesse dans le cas où la France seroit attaquée par terre dans son propre Pays, même pour une guerre germanique, & qu'alors l'obligation du secours reprend toute sa force.

Que l'Espagne soit tenue à de plus grands efforts; que la France lorsqu'il s'agira du Royaume de Naples; que la France soit seule chargée des guerres d'Allemagne si elles n'arrivent pas sur le territoire Français; qu'elle soit néanmoins secourue par l'Espagne toutes les fois quelle sera attaquée sur son territoire, même au sujet des guerres d'Allemagne; il ny a rien en tout cela qui soit désavantageux à la France.

OBSERVATIONS SUR L'ART. IX.

Nul inconvénient aux mesures que les deux Nations se prescrivent pour assurer de part & d'autre l'exécution de leurs engagemens.

ſes Sujets, pour s'aſſurer par eux-mêmes que la Puiſſance requiſe a raſſemblé dans les trois mois, à compter de la requiſition, & tient dans un ou pluſieurs de ſes ports les *douze vaiſſeaux de ligne* & les *ſix frégates armés* en guerre, ainſi que le nombre ſtipulé de Troupes de terre; le tout prêt à marcher.

X.

Leſdits vaiſſeaux, frégates & Troupes agiront ſelon la volonté de la Puiſſance qui en aura beſoin, & qui les aura demandés, ſans que ſur les motifs ou ſur les objets indiqués pour l'emploi deſdites forces de terre & de mer, la Puiſſance requiſe puiſſe faire plus d'une ſeule & unique repréſentation.

X I.

Ce qui vient d'être convenu aura lieu toutes les fois que la Puiſſance requérante demanderoit le ſecours pour quelque entrepriſe *offenſive* ou *défenſive* de terre ou de mer, *d'une*

OBSERVATIONS SUR L'ART. X.

CET article peut avoir quelques inconvéniens. La Nation qui fournira les secours peut craindre que son Allié n'expose les Auxiliaires pour ménager ses propres Sujets; & quoique le danger soit réciproque, il semblerait à-la-fois plus noble & plus utile de convenir que les expéditions seront combinées pour l'avantage commun entre les deux Puissances.

Au reste, l'orsqu'une petite force est incorporée dans une grande, elle est bien obligée d'en suivre l'impulsion.

OBSERVATIONS SUR L'ART. XI.

CET article demande explication. Il parle d'*entreprises offensives*, & *les guerres offensives doivent être proscrites* ;

exécution immédiate, & ne doit pas s'entendre pour les cas où les vaiſſeaux & frégates de la Puiſſance requiſe iroient s'établir dans quelque Port de ſes Etats ; puiſqu'il ſuffira alors qu'elle tienne ſes forces de terre & de mer prêtes dans les endroits de ſes domaines qui ſeront indiqués par la Puiſſance requérante, comme plus utiles à ſes vues.

elles ne doivent jamais être l'objet des confédérations politiques.

Si l'on s'en rapportait à l'article IV qui renferme la base du traité, & l'exprime par ces mots sans équivoque : *qui attaque l'une attaque l'autre* ; & à la teneur même du présent article qui déclare qu'il est question d'*entreprises offensives ou défensives d'une exécution immédiate*, on pourrait dire que la stipulation porte sur les entreprises offensives auxquelles une guerre défensive donnera lieu.

L'article restraint à ce sens n'aurait rien que de juste, de prudent & de sensé. Il est reconnu à la guerre qu'aucune *défensive* ne peut être bonne, si elle laisse échapper une occasion d'agir offensivement. Il faut dans la guerre défensive très-souvent attaquer, c'est la défensive du courage & du génie. Mithridate, poursuivi dans ses Etats par Lucullus & Pompée, voulait aller se défendre à Rome. Si nous étions attaqués en Amérique ou aux Indes, il pourrait nous convenir de nous défendre à Plimouth, Chatam, & à Londres.

Mais il faut déclarer nettement que tels sont l'esprit et le sens de l'article, il faut y en ajouter un qui expose de manière à bannir toute incertitude : « que le » traité n'a pour objet que la sûreté réciproque, & ne » peut être invoqué lorsqu'une des Nations voudrait » porter atteinte à celle d'autrui ».

Il faut pour cela supprimer ou plutôt changer les articles XII & XIII, & un mot de l'article XV qui présentent un sens tout différent.

X I I.

La demande que l'un des deux Souverains fera à l'autre des secours stipulés par le présent traité, suffira pour constater le besoin d'une part, & l'obligation de l'autre de fournir ledit secours, sans qu'il soit nécessaire d'entrer dans aucune explication de quelqu'espèce qu'elle puisse être, ni sous quelque prétexte que ce soit, pour éluder la plus prompte & la plus parfaite exécution de cet engagement.

OBSERVATIONS SUR L'ART. XII.

Cet article eſt abſolument inſoutenable.

L'objet de la Confédération étant la défenſe reſpective, il eſt indiſpenſable que le danger ſoit conſtaté, ſoit par une attaque réelle, ſoit par des préparatifs indubitables d'attaque. Mais la ſimple réquiſition d'un des deux Monarques ne ſaurait engager aucune des deux Nations à fournir les ſecours ſtipulés, lorſqu'il n'y aurait aucun beſoin de ſecours.

Nous ſommes juſtement indignés de voir aujourd'hui le Stathouder Roi de Hollande, & les malheureux Sujets que lui ſoumettent les bayonnettes Pruſſiennes & les guinées anglaiſes, armer contre nos Alliés & contre nous, qui leur avons ſauvé le Cap-de-Bonne-Eſpérance & tous leurs Etabliſſemens de l'Inde dans la dernière guerre, armer ſur la ſeule réquiſition des Alliés du Prince d'Orange, Uſurpateur & deſtructeur de la liberté Hollandaiſe ; armer ſur la ſeule réquiſition d'une Puiſſance qui fit, il y a dix ans, à la Hollande la guerre la plus injuſte, la plus imprévue, & qui, ſans nous, eût été la plus cruelle ; armer, lorſque le nouvel Allié du Deſpote Hollandois n'a même aucun riſque à courir, lorſque c'eſt lui qui engage la guerre pour un Sujet dénué de toute importance.

Tels ſeront toujours les effets des alliances qui ne ſeraient pas purement défenſives.

Nous devons apprendre à l'Angleterre, à la Hollande, à l'Eſpagne, au Monde, à rougir de telles alliances.

XIII.

En conséquence de l'article précédent, la discussion du cas *offensif* ou *défensif* ne pourra point avoir lieu par rapport aux *douze vaisseaux*, aux *six frégates*, & aux Troupes de terre à fournir; ces forces devant être regardées, dans tous les cas, & trois mois après la requisition, comme appartenant en propriété à la Puissance qui les aura requise.

Nous

Nous devons dire *qu'elles ne soient plus*, & elles cesseront d'être dans l'Europe entière. Le cri de la France & celui de la raison énergiquement prononcés, suffiront pour empêcher les Princes de compter sur les alliances offensives & les Peuples de s'y prêter; ils suffiront pour y suppléer par-tout des alliances uniquement défensives.

La paix deviendra solide & générale, si nul ne peut être aidé pour attaquer, & si chacun l'est pour se défendre.

OBSERVATIONS SUR L'ART. XIII.

L'ESPRIT de cet article est d'assurer à chaque Puissance au-dessus de ses forces naturelles, celle du premier secours stipulé dont elle ferait arbitrairement l'usage qu'elle voudrait, ne réservant à la Puissance qui donnerait le secours, le droit d'en juger le motif, la convenance ou l'utilité, que lorsqu'il serait question d'engager toutes ses forces; encore l'article XVI semble-t-il éluder ce droit naturel que l'article XIII reconnaît.

Le Duc de Choiseul avait de l'habileté, &, comme tous les hommes d'un caractère brillant & facile, il se croyait encore plus d'habileté qu'il n'en avait. Pressé par une guerre très-funeste, dans laquelle l'Angleterre s'était assuré la supériorité par une attaque imprévue, voulant en sortir le moins mal possible, & desireux de se venger

X I V.

La Puissance qui fournira le secours, soit en vaisseaux & frégates, soit en Troupes, les payera par-tout où son Allié les fera agir, comme si ces forces étoient employées direc-

à la première occasion, il crut ne pouvoir donner dans le Traité trop d'avantage à la Puissance requérante, ni trop engager la Puissance requise : c'était lui qui comptait requérir.

Mais cette politique individuelle, astucieuse & temporaire est une politique pitoyable : les Nations sont de si grands Corps environnés d'autres Corps si grands & si indépendans les uns des autres, qu'il leur est impossible de subsister sans être justes & sans manifester perpétuellement qu'elles ne veulent pas cesser de l'être, &que nulle d'elles ne veut opprimer ses augustes sœurs.

Les conventions de tous les Traités d'alliance doivent donc être : « Je vous défendrai si l'on vous attaque ; » je me tiendrai en mesure de vous défendre si l'on » vous menace ; je frapperai même pour vous si je vois » le péril imminent, & si c'est le seul moyen de le » prévenir :

» Mais dans les cas douteux, n'attendez de moi que » la préservation des hostilités, la médiation, l'arbi» trage, & enfin, un jugement contre vous, si vous » avez tort. »

tement pour elle-même, & la Puissance requérante sera obligée, soit que lesdits vaisseaux, frégates ou Troupes restent peu ou long-temps dans ses Ports, de les faire pourvoir de tout ce dont elles auront besoin, au même prix que si elles lui appartenoient en propriété, & à les faire jouir des mêmes prérogatives & privilèges dont jouissent ses propres Troupes. Il a été convenu que, dans aucun cas, lesdites Troupes ou vaisseaux ne pourront être à la charge de la Puissance à qui ils seront envoyés, & qu'ils subsisteront à sa disposition pendant toute la durée de la guerre dans laquelle elle se trouvera engagée.

X V.

Le Roi Très-Chrétien & le Roi Catholique s'obligent à tenir complets & bien armés les vaisseaux, frégates & Troupes que leurs Majestés se fourniront réciproquement, de sorte qu'aussitôt que la Puissance requise aura fourni les secours stipulés par les articles V & VI du présent traité, elle fera armer dans ses Ports un nombre suffisant de vaisseaux pour rem-

OBSERVATIONS SUR LES ART. XIV. & XV.

Ces deux articles sont purement réglementaires, & appliqués au cas défensif parfaitement raisonnables.

---

placer ſur le champ ceux qui pourroient être perdus par les événemens de la guerre ou de la mer. Cette même Puiſſance tiendra également prêtes les Recrues & les réparations néceſſaires pour les Troupes de terre qu'elle aura fournies.

X V I.

Les ſecours ſtipulés dans les articles précédens, ſelon le temps & la manière qui a été expliquée, doivent être conſidérés comme une obligation inſéparable des liens de parenté & d'amitié, & de l'union intime que les deux Monarques contractans déſirent de perpétuer entre leurs deſcendans; & ces ſecours ſtipulés ſeront ce que la Puiſſance requiſe pourra faire *de moins* pour la Puiſſance qui en aura beſoin; mais comme l'intention des deux Rois eſt que la guerre commençant *pour* ou *contre* l'une des deux Couronnes, doit devenir propre & perſonnelle à l'autre, il eſt convenu, que dès que les deux ſe trouveront en *guerre déclarée* contre le même ou les mêmes ennemis, l'obligation deſdits ſecours ſtipulés ceſſera, & à ſa

OBSERVATIONS SUR L'ART. XVI.

Rien n'est confus & inconciliable comme cet article rapproché de l'article XIII.

Le premier secours stipulé est, dit-il, *ce que les deux Puissances pourront faire de* MOINS *l'une pour l'autre.* Il semble, donc, qu'elles pourroient se tenir à ce *moins*, pour lequel sentiment la discussion du cas offensif ou défensif est interdite par l'article XIII, s'être autorisée pour tout emploi de force supérieur, à ce *moins*, que la Nation requise puisse faire.

Cependant, dit-on ensuite, si la *guerre est déclarée pour ou contre* l'une des deux Nations, elles seront *obligées* toutes deux de la faire de *toutes leurs forces*, & en commun. Il s'ensuivroit qu'après n'avoir pû discuter le cas *offensif* & le cas *défensif*, pour fournir le premier secours, lorsqu'ensuite ce premier secours auroit conduit à une guerre déclarée *pour* la Nation requérante, la Nation requise ne seroit plus admise à discuter ces cas; ce seroit à dire qu'elle ne pourroit jamais discu-

place ſuccédera, pour les deux Couronnes, l'obligation de faire la guerre conjointement, en y employant toutes leurs forces; & pour cet effet les deux hautes Parties contractantes feront alors entr'elles des conventions particulières relatives aux circonſtances de la guerre dans laquelle elle ſe trouveront engagées, concerteront & détermineront leurs efforts & leurs avantages reſpectifs & réciproques, comme auſſi leurs plans & opérations militaires & politiques; & ces conventions étant faites, les deux Rois les exécuteront enſemble & d'un commun & parfait accord.

XVII.

Leurs Majeſtés Très-Chrétienne & Catholique s'engagent & ſe promettent, pour le cas où elles ſe trouveroient en guerre, de n'écouter ni faire aucune propoſition de paix, de ne traiter ni conclurre avec l'ennemi ou les ennemis qu'elles auront, que d'un accord & conſentement mutuel & commun, & de ſe communiquer réciproquement tout ce qui pourroit venir à leur connoiſſance qui intéreſſeroit les

ter, quoique l'article XIII lui en réserve le droit pour tous secours à donner au-delà du premier, & que la nature des choses & les règles de la morale le lui donnent même pour ce premier.

Les deux articles XIII & XVI se détruisent donc l'un l'autre : la raison & la justice les détruisent encore plus; ce qui n'est ni raisonnable ni juste n'a pas pu devenir une loi entre les Nations. Ces deux articles XIII & XVI sont donc essentiellement nuls & comme non-avenus. Il faut l'avouer, & il faut convenir pour la suite que » les deux Nations s'aideront de toutes leurs forces en » toute guerre défensive & non dans aucune autre; & » que, pour commencer cette assistance, elles de- » vront, trois mois après la réquisition, se fournir le » premier secours stipulé, lequel devra être suivi de » tous ceux qui seront nécessaires & possibles «.

OBSERVATIONS SUR L'ART. XVII.

CET article est d'une évidente justice, conforme aux premiers principes de l'honneur & de la probité. Il est une condition essentielle, obligatoire & sacrée de toute alliance.

deux Couronnes, & en particulier ſur l'objet de la pacification : de ſorte qu'en guerre comme en paix, chacune des deux Couronnes regardera comme ſes propres intérêts ceux de la Couronne de ſon allié.

XVIII.

En conformité de ce principe & de l'engagement contracté en conſéquence, Leurs Majeſtés Très Chrétienne & Catholique ſont convenues que, lorſqu'il s'agira de terminer, par la paix, la guerre qu'elles auront ſoutenue en commun, elles compenſeront les avantages que l'une des deux Puiſſances pourroit avoir eus, avec les pertes que l'autre auroit pu faire; de manière que ſur les conditions de la paix, ainſi que ſur les opérations de la guerre, les deux Monarchies de France & d'Eſpagne, dans toute l'étendue de leur domination, ſeront regardées & agiront comme ſi elles ne formoient qu'une ſeule & même Puiſſance.

OBSERVATIONS SUR L'ART. XVIII.

Cet article est extrêmement fraternel ; il tend à prévenir encore plus les paix particulières, à mieux réunir les intérêts & les forces des Nations confédérées, à rendre leur puissance plus *une*, & leur protection réciproque plus efficace, à conserver mieux par conséquent les droits & les possessions de l'une & de l'autre. Il a de la morale & de la dignité ; c'est un modèle d'article pour les alliances.

X I X.

Sa Majesté le Roi des Deux Siciles ayant les mêmes liaisons de parenté & d'amitié & les mêmes intérêts qui unissent intimement leurs Majestés Très-Chrétienne & Catholique, Sa Majesté Catholique stipule pour le Roi des Deux Siciles, son fils, & s'oblige à lui faire ratifier, tant pour lui que pour ses descendans à perpétuité, tous les articles du présent Traité, bien entendu que pour ce qui regarde la proportion des secours à fournir par Sa Majesté, Sicilienne ils seront déterminés dans son acte d'accession audit Traité suivant l'étendue de sa puissance.

OBSERVATIONS SUR L'ART. XIX.

Cet article n'a pas eu son exécution.

Il serait dangereux, si l'alliance devait être offensive; car, en multipliant le nombre de ceux qui peuvent offenser, on pourrait multiplier les cas de guerre. Mais toute alliance offensive étant nulle par sa nature, l'article borné au cas défensif devient bon & utile; car plus il y a de confédérés pour se défendre, & plus il y a d'espoir d'en imposer à ceux qui voudraient attaquer.

Les Deux Siciles forment une Puissance à peu près égale à celle du Roi de Sardaigne par terre, & qui par mer n'est pas loin du niveau de la République de Venise. La Nation Napolitaine & Sicilienne est, après l'Espagnole, celle dont le commerce est le plus utile à la France.

L'accession de cette Puissance à un pacte défensif & commercial, ne peut donc avoir que des avantages.

Les principes de la politique extérieure sont d'une extrême simplicité;

Les alliances offensives sont nulles;

Les alliances défensives sont utiles & sacrées;

Les alliances commerciales sont avantageuses en raison de ce qu'elles se rapprochent de la liberté.

X X.

Leurs Majestés Très-Chrétienne, Catholique & Sicilenne s'engagent non-seulement à concourir au maintien & à la splendeur de leurs Royaumes dans l'Etat où il se trouvent actuellement, mais encore à soutenir sur tous les objets sans exception, la dignité & les droits de leur Maison; de sorte que chaque Prince qui aura l'honneur d'être issu du même sang, pourra être assuré en toute occasion de la protection & de l'assistance des trois Couronnes.

X X I.

Le présent Traité devant être regardé, ainsi qu'il a été annoncé dans le préambule comme un *Pacte de Famille* entre toutes les branches de l'auguste Maison de Bourbon, nulle autre Puissance que celles qui seront de cette Maison ne pourra être invitée ni admise à y accéder.

OBSERVATIONS SUR L'ART. XX.

QUE les Nations liées d'affection à leur Chef, ne voient pas, avec indifférence, ce qui peut intéresser la dignité & les droits des Princes, liés avec lui de parenté : c'est un sentiment naturel & qui aura lieu, sans qu'il soit besoin d'en faire mention dans un Traité.

Ces Princes doivent donc s'attendre constamment à toute espèce de bons offices ; &, s'ils étaient opprimés, à toute espèce de protection, & bien plus encore de la part de la Nation Française que de tout autre ; mais les Nations ne peuvent faire d'alliance formelle qu'avec les Nations, &, lorsqu'elles en font avec les Princes, c'est, autant que le droit public de leur pays autorise ceux-ci, à stipuler pour leurs Nations.

Alors le cas d'alliance défensive rentre dans celui de toute autre alliance défensive ; &, si la Nation qui a pour Chef un Prince de la même Nation, est opprimée par une troisième Nation, ce ne doit pas être à cause de son Chef qu'elle doit être défendue, mais à cause de ses droits & de l'intérêt commun.

OBSERVATIONS SUR L'ART. XXI.

RIEN n'est plus étrange que cet article. Le traité fait pour établir la paix & pour conserver à chacun ses possessions, toute puissance qui voudra s'unir dans

XXII.

L'amitié étroite qui unit les Monarques contractans, & les engagemens qu'ils prennent par ce Traité, les déterminent aussi à stipuler que leurs Etats & Sujets respectifs participeront aux avantages & à la liaison établis entre les Souverains; & leurs Majestés se promettent de ne pas souffrir qu'en aucun cas, ni sous quelque prétexte que ce soit, leursdits Etats ou Sujets puissent rien faire ou entreprendre de contraire à la parfaite correspondance qui doit subsister inviolablement entre les trois Couronnes.

les

les mêmes vues de conservation & de protection réciproque, & qui pourrait faire entrer dans la confédération des forces proportionnées, aux risques que sa position peut y apporter, doit pouvoir être admise à y accéder de l'avis des puissances déjà confédérées, qui ne peuvent ni ne doivent s'interdire d'avance cette liberté de recevoir dans leur confédération les Puissances dont le concours peut ensuite leur paroître utile à la sûreté commune.

La seule stipulation raisonnable, est » qu'il faudra » l'aveu de toutes les nations confédérées, pour en » admettre une nouvelle dans leur confédération.

OBSERVATIONS SUR L'ART. XXII.

Depuis que les progrès des lumières nous ont appris que tout entre les Nations, se doit faire pour elles, que leur intérêt & leur bonheur doivent être la base de tous les engagemens que prennent leurs chefs, nous ne pouvons qu'être scandalisés de la rédaction de cet article, dans lequel nous voyons les Monarques déclarer que c'est *à raison de leur amitié personnelle* qu'ils vont stipuler quelque chose sur les avantages civils & commerciaux que leurs nations peuvent se procurer.

Mais si l'on se reporte au temps où le traité a été conclu, on verra que les Rédacteurs ont pu être conduits à cette forme d'expression par un mouvement louable.

[illegible] protection, [illegible] qui pourroit être entré dans la considération des forces proportionnelles aux risques que la nation peut y apporter, [illegible] pouvoir être [illegible] d'y accéder de l'avis des puissances qui contractent, [illegible] ne devoir s'interdire d'avance cette liberté de recevoir dans leur confédération les Puissances dont le concours peut enfin leur paroître utile à la cause commune.

La seule stipulation [illegible] qu'il [illegible] de toutes les parties [illegible] considérées, pour en admettre une nouvelle à [illegible] confédération.

OBSERVATIONS SUR L'ART. XXII.

On voit que les [illegible] entre la Nation, [illegible] les [illegible], & [illegible] de ceux qui engagent [illegible] en connoître [illegible] de la médiation de [illegible] article, dans lequel nous voyons les Monarques déclarer que c'est à l'effet de leur [illegible] qu'ils ont stipulé quelques [illegible] avantages [illegible] qui [illegible] n'ont [illegible] la même [illegible] que les Puissances [illegible] réduits à cette forme [illegible] mouvement [illegible]

Ce que l'on avait encore pu imaginer de plus avantageux au genre-humain dans les Monarchies avait été d'inſpirer aux Rois un ſentiment paternel pour leur peuple. Les bons Rois ſe complaiſaient dans cette idée que *leurs ſujets étaient leurs enfans*, & la philoſophie ſe repoſait ſur elle.

Il y avait donc quelque choſe de bon & d'honnête à étendre cet eſprit *de famille* des Monarques aux nations qu'ils commandaient, & par les Monarques d'une nation à l'autre. Les Princes, il eſt vrai, ſe voyaient en première ligne, mais jamais ceux qui les avaient approchés ne leur avaient appris à ſe regarder, ni à ſe montrer autrement. Ils ſe diſaient : *Nous ſommes unis, & nous voulons que nos enfans le ſoient* : c'eſt préciſément le langage que tiendraient deux bons pères de famille, & il n'eſt pas douteux que les Miniſtres rédacteurs du traité ne s'en ſoient applaudis.

C'eſt ſi bien dans ce ſens que l'article 21 & les ſuivans ont été conçus, que les diſpoſitions qui ſe ſont préſentées les premieres à l'eſprit des négociateurs ſont qu'on » ne ſouffrira pas que les ſujets reſpectifs ſe faſſent » aucun mal, & qu'en aucun cas, ni ſous aucun » prétexte, ils entreprennent rien de contraire à » la parfaite correſpondance qu'on veut établir. » On a ſongé à prévenir le déſordre dans la grande famille qu'on voulait former de pluſieurs nations, même avant de régler les avantages ultérieurs de leurs relations commerciales.

XXIII.

Pour cimenter d'autant plus cette intelligence & ces avantages réciproques entre les Sujets des deux Couronnes, il a été convenu que les Espagnols ne seront plus réputés aubains en France, & en conséquence Sa Majesté Très-Chrétienne s'engage à abolir en leur faveur le droit d'aubaine, en sorte qu'ils pourront disposer par testament, donation ou autrement de tous leurs biens sans exception, de quelque nature qu'ils soient, qu'ils posséderont dans son Royaume, & que leurs héritiers Sujets de Sa Majesté Catholique, demeurant tant en France qu'ailleurs, pourront recueillir leurs successions même *ab intestat*,

Au surplus qu'importe le motif énoncé, & s'il y en avait eu un caché, qu'importerait quel fut il y a trente ans le motif réel d'une stipulation bonne en elle-même, & si visiblement essentielle à toute alliance, qu'il était superflu de la prononcer? Il est évidemment bon, utile & juste que les Citoyens de deux nations alliées évitent de porter aucun dommage à ceux de l'autre nation, & soient punis, s'ils se permettaient un délit semblable. La convention est donc salutaire, elle est donc obligatoire.

OBSERVATIONS SUR LES Art. XXIII & XXIV.

Les dispositions des deux articles pour abolir le droit d'aubaine, pour rendre les individus de chaque Nation habiles à succéder chez l'autre, pour leur donner réciproquement tous les droits de la naturalité, la parité absolue quant aux impositions, & tous les privilèges commerciaux réservés chez chaque Nation, à ses propres Concitoyens, sont à l'avantage évident & mutuel des deux Peuples.

On répète à Paris, d'après l'*Abbé de Mably*, & l'on a imprimé deux fois, depuis quelques jours, que les dispositions si raisonnables, si utiles, si bienfaisantes de ces deux articles, sont révoquées, & n'ont plus lieu. On répète une erreur de fait ; & rien n'est plus naturel, ni plus commun, lorsqu'on est obligé de se hâter de parler sur des matières dont on n'a pas été à portée d'acquérir une

ſoit par eux-mêmes, ſoit par leurs Procureurs ou Mandataires, quoiqu'ils n'aient point obtenu de lettres de naturalité, & les tranſporter hors des Etats de Sa Majeſté Très-Chrétienne, nonobſtant toutes Loix, Edits, Statuts Coutumes ou Droits à ce contraires, auxquels Sa Majeſté très-chrétienne déroge autant que beſoin feroit. Sa Majeſté Catholique s'engage de ſon côté à faire jouir des mêmes privilèges & de la même manière dans tous les États & pays de ſa domination, tous les François & ſujets de Sa Majeſté très-chrétienne, par rapport à la libre diſpoſition des biens qu'ils poſſéderont dans toute l'étendue de la Monarchie Eſpagnole. De ſorte que les Sujets des deux Couronnes ſeront généralement traités en tout & pour tout ce qui regarde cet article dans les pays des deux dominations, comme les propres & naturels ſujets de la puiſſance dans les Etats de laquelle ils réſideront : tout ce qui eſt dit ci-deſſus, par rapport au droit d'aubaine & aux avantages dont les François doivent jouir dans les Etats du Roi d'Eſpagne, en Europe & les Eſpagnols en France, eſt

connoiſſance approfondie : l'erreur d'un homme célèbre occaſionne encore mille erreurs après qu'elle a été relevée & réfutée.

L'Abbé de Mably, homme vertueux, penſeur profond, écrivain patriote, mais d'un commerce difficile, avait étudié la Diplomatique dans les livres : ſon caractère chagrin l'avait rendu peu propre à en acquérir l'expérience ; & ſon ambition *déſappointée* à cet égard ayan rendu ſon caractère encore plus chagrin, lui avait également ôté la faculté d'interroger & celle d'écouter.

Il a trouvé, dans le Traité de Paris, art. II, que les Parties contractantes déclarent « qu'elles ne permettront » pas qu'il ſubſiſte aucun privilége, grace ou indulgence » contraires aux Traités confirmés. »

Il en a conclu très-mal-à-propos que les ſtipulations des articles XXIII & XXIV, du *Pacte de Famille*, étaient annullées. Cette concluſion n'était pas même fondée ſur l'article cité, qui ne confirme que les Traités ſimplement politiques qui ont eu lieu depuis 1648 juſqu'au 12 Février 1761, dont ſont exceptés les articles commerciaux du Traité d'Utrecht, qui ſont comme non-avenus, ayant été rejetés dans le temps par le Parlement d'Angleterre.

Les conventions qui ſubſiſtent de ces Traités purement politiques, ne peuvent interdire & n'interdiſent à aucune Puiſſance le droit de régler chez elle, comme elle le juge convenable, les Loix relatives aux ſucceſſions, & celles qui concernent ſes finances & ſon commerce.

accordé aux Sujets du Roi des deux Siciles, qui sont compris aux mêmes conditions dans cet article, & réciproquement les Sujets de Sa Majesté très-Chrétienne & Catholique, jouiront des mêmes exemptions & avantages dans les Etats de Sa Majesté Sicilienne.

Art. XXIV.

Les Sujets des hautes parties contractantes seront traités relativement au commerce & aux impositions dans chacun des deux Royaumes en Europe, comme les propres sujets du pays où ils aborderont ou résideront; de sorte que le Pavillon Espagnol jouira en France des mêmes droits que le Pavillon François, & pareillement que le Pavillon François sera traité en Espagne avec la même faveur que le Pavillon Espagnol. Les Sujets des deux Monarchies, en déclarant leurs marchandises, paieront les mêmes droits, qui seront payés par les Nationaux. L'importation & l'exportation leur seront également libres comme sujets naturels, & il n'y aura de droits à payer de part & d'autre, que ceux qui seront perçus

M. l'*Abbé de Mably* pouvait donc, avec plus de réflexion & par la simple connoissance qu'il avait des Traités, savoir que les articles XXIII & XXIV du Pacte de Famille, ne sont pas révoqués par le Traité de Paris; & si M. l'*Abbé de Mably* eût consulté les personnes attachées par état ou par goût à la Diplomatique, il aurait su qu'aucune des Puissances contractantes, dans le Traité de 1763, n'a jamais regardé ce Traité comme révocatoire des conventions civiles & commerciales du Pacte de Famille.

Il aurait même pu savoir, sans consulter personne, que ces articles, qui ne sont pas les moins intéressans de notre alliance avec la Nation Espagnole, ont été confirmés & développés par plusieurs conventions subséquentes.

Les Ecrivains estimables qui ont répété l'assertion de M. l'Abbé de Mably, auraient pu avoir connoissance de ces conventions explicatives & confirmatives des articles XXIII & XXIV du Pacte de Famille: elles sont imprimées, & servent de règles au commerce réciproque de la France & de l'Espagne.

Les deux Nations ont, en plusieurs occasions, constaté, non-seulement entre elles, mais vis-à-vis des autres Nations, l'existence de ces deux articles, que l'on annonce à Paris comme ayant été révoqués. Elles ont constamment opposé aux Puissances qui ont desiré, en France ou en Espagne, un traitement pareil à celui de l'une & de l'autre des deux Nations confédérées, l'art. XXV

ſur les propres ſujets du Souverain, ni de matières ſujettes à confiſcation, que celles qui ſeront prohibées aux nationaux eux-mêmes; & pour ce qui regarde ces objets, tous traités, conventions ou engagemens antérieurs entre les deux Monarchies, reſteront abolis; bien entendu que nulle Puiſſance étrangère ne jouira en Eſpagne, non plus qu'en France, d'aucun privilège plus avantageux que celui des deux Nations. On obſervera les mêmes règles en France & en Eſpagne, à l'égard du Pavillon & des Sujets du Roi des deux Siciles, & Sa Majeſté Sicilienne les fera réciproquement obſerver à l'égard du Pavillon & des Sujets des Couronnes de France & d'Eſpagne.

du Pacte de Famille, qui dit que la manière dont elles se traiteront réciproquement, ne fera titre pour aucune autre des Nations, même les plus favorisées.

Enfin, ces deux articles importans du Pacte de Famille, ont tout récemment été allégués à l'Angleterre & à la Russie lors de leurs Traités de Commerce avec la France, & reconnus par elles comme une raison de ne pouvoir prétendre en France aux mêmes priviléges que la Nation Espagnole.

Il faut donc cesser d'argumenter sur ce point, d'après la parole de l'Abbé de Mably. Mais je ne serais point surpris que les mêmes personnes qui, dans notre alliance avec l'Espagne, blâmaient la révocation qu'elles supposaient des articles commerciaux, ne demandassent, en apprenant que cette révocation n'a point eu lieu, *si c'est un avantage d'accorder ainsi des préférences à quelques Nations?* & je suis convaincu qu'elles établiraient, par des principes généraux très-philosophiques & très-sages, que la liberté & l'égalité sont l'ame du commerce.

En supposant l'observation qui ne peut guères manquer d'être faite, je répondrai que si les Nations étaient suffisamment éclairées pour ne donner elles-mêmes aucun privilège, pas même à leurs propres Sujets, & pour établir une complette fraternité entr'elles toutes, il est manifeste que ce serait à-la-fois une folie & un délit que d'établir des priviléges exclusifs, même réciproques, entre quelques Nations. Mais quand elles ont différentes manières d'agir, soit envers les diverses Nations, soit à l'égard de leurs Sujets & des Etrangers, il est clair qu'en

ART. XXV.

Si les hautes parties contractantes font dans la ſuite quelque traité de commerce avec d'autres Puiſſances, & leur accordent ou leur ont déja accordé dans leurs ports ou états

trouve un grand avantage à s'assurer réciproquement le traitement le plus favorable ; & nous aurions d'autant plus de tort de renoncer à cet avantage essentiel en Espagne, que les principes de cette Puissance sur le Commerce sont beaucoup moins libres que les nôtres, & par conséquent que les exceptions y sont beaucoup plus nécessaires pour ceux qui veulent faire un Commerce profitable.

Nous aurions grand tort de donner au Commerce Anglais, en France, les mêmes priviléges dont y jouissent le Commerce Français & le Commerce Espagnol, tant que les Anglais réserveront chez eux, par leur acte de navigation, des priviléges particuliers au Commerce Britannique. Les Anglais nous traitant beaucoup moins favorablement que ne le font les Espagnols, il serait injuste de ne pas traiter les Espagnols en France plus favorablement que les Anglais. La parfaite réciprocité vis-à-vis de chaque Nation, est la seule loi qu'elles puissent invoquer, & peut-être le seul moyen de ramener à une meilleure conduite celles qui ont des principes peu favorables à la liberté des communications respectives.

Il faut remarquer que les articles commerciaux du Pacte de famille font loi entre les deux Siciles & la France, quoique l'accession générale des deux Siciles n'ait pas eu lieu.

OBSERVATIONS SUR L'ART. XXV.

On vient de remarquer que cet article renferme la réponse à la méprise dans laquelle sont tombés M.

le traitement de la nation la plus favorisée, on préviendra lesdites Puissances que le traitement des Espagnols en France & dans les deux Siciles, & des Napolitains & Siliciens en France & en Espagne, sur le même objet, est excepté à cet égard, & ne doit point être cité ni servir d'exemple; leurs Majestés très-Chrétienne, Catholique & Sicilienne, ne voulant faire participer aucune autre Nation aux privilèges dont elles jugent convenable de faire jouir leurs sujets respectifs.

l'Abbé de Mably, & les Ecrivains qui ont transcrit ses expressions.

Il avait cru l'article même revoqué & l'a dit dans son Ouvrage sur le droit public; mais, loin qu'il ait été révoqué, c'est cet article qui a été le conservateur des deux autres.

Ces deux autres articles ne sont point d'une petite importance.

C'est en Espagne que nous avons le principal débouché de nos toiles, objet immense de notre Commerce, qui n'attend pour doubler encore qu'une bonne Administration. C'est en Espagne & par elle dans ses Colonies, que passe la meilleure partie de nos draps superfins, de nos petits lainages, de nos galons, de notre passementerie, de nos taffetas légers, de nos bas de soie, de nos fleurs artificielles, & des quantités considérables de bijouterie.

Notre commerce avec l'Espagne se monte année commune, entre *quarante & cinquante millions*, selon les estimations très-fautives de la balance du Commerce: ce qui suppose que réellement il doit être de *soixante millions* au moins. C'est après le commerce des Colonies, celui qui emploie le plus notre navigation nationale, de *cent vingt-sept* ou *cent trente mille tonneaux* de fret qu'il exige annuellement; il y en a *soixante onze à soixante quatorze mille* tonneaux qui sont portés par navires Français, *trente six à trente sept mille* par bâtimens Espagnols, *vingt à vingt-un mille* seulement par navigation étrangère aux deux Nations; C'est d'Espagne que nous tirons l'argent nécessaire à notre circulation & à

XXVI.

Les hautes Parties contractantes se confieront réciproquement toutes les alliances qu'elles pourront former dans la suite, & les négociations qu'elles pourront suivre, sur-tout lorsqu'elles auront quelque rapport avec leurs intérêts communs. En conséquence, Leurs Majestés Très-Chrétienne, Catholique & Sicilienne ordonneront à tous les Ministres respectifs qu'elles entretiennent dans les autres Cours de l'Europe, de vivre entr'eux dans l'intelligence la plus parfaite & avec la plus entière confiance, afin que toutes les demandes faites au nom de quelqu'une des trois Couronnes, tendant à leur gloire & à leur avantage commun, soient un gage constant de l'intimité que Leursdites Majestés veulent établir & perpétuer entr'elles.

la solde des achats que nous avons à faire aux autres Nations.

Déranger pour l'attrait d'une nouvelle politique ces grandes relations commerciales, ce serait ruiner nos Manufactures, & réduire à la mendicité plusieurs millions de Français industrieux.

Les déranger par faiblesse, par crainte, se laisser entraîner par de si vils motifs à commencer par un acte de mauvaise foi notre carrière de politique étrangère, à montrer à nos autres alliés qu'ils doivent, d'avance, regarder tous nos Traités comme rompus; ce serait à-la-fois une honte & une imprudence, dont l'honneur & le patriotisme sont également effrayés.

C'est une horrible injure que nous font les Anglois & leurs amis, que de nous croire capables de cette lâcheté & de cette démence.

OBSERVATIONS SUR L'ART. XXVI.

Quoi, de plus noble, de plus fraternel & de plus utile que cet article, que cette obligation de se communiquer réciproquement toutes les alliances projetées, toutes les négociations, de s'entr'avertir, de s'entr'aider dans toutes les affaires, & de se mettre en société, non-seulement de puissance, mais de lumières, & d'une officieuse, constante, mutuelle, & perpétuelle bienveillance!

Multipliez ces rapports entre les Nations, & vous les rendrez nécessairement meilleures & plus respectables.

XXVII.

L'objet délicat de la préséance dans les actes, fonctions & cérémonies publiques, est souvent un obstacle à la bonne harmonie & à l'intime confiance qu'il convient d'entretenir entre les Ministres respectifs de France & d'Espagne; parce que ces sortes de discussions, quelque tournure qu'on prenne pour les faire cesser, indisposent les esprits. Elles étoient naturelles quand les deux Couronnes appartenoient à des Princes de deux différentes Nations; mais actuellement, & pour tout le temps pendant lequel la Providence a déterminé de maintenir sur les deux Trônes des Souverains de la même Maison, il n'est pas convenable qu'il subsiste entr'eux une occasion continuelle d'altercation & de mécontentement. Leurs Majestés Très-Chrétienne & Catholique sont convenues en conséquence de faire entièrement cesser cette occasion, en fixant pour règle invariable à leurs Ministres, revêtus du même caractère, tant dans des Cours étrangères que dans les Cours de Famille, comme sont pré-

OBSERAATIONS SUR L'ART. XXVII.

C'ÉTAIT dans le principe & dans l'intention avoir marché vers un meilleur ordre de choses, que d'avoir fait cesser une des querelles de préséance. Mais nous aurions grand tort de nous borner à cette convention qui, d'ailleurs, n'a fait que multiplier les difficultés : car plusieurs Puissances qui avaient jusqu'alors cédé le pas à la France, ont conteſté pour le faire, lorsqu'elles ont vu la France l'abandonner en quelques occasions à l'Espagne, à qui elles le disputaient.

Il y a de quoi rougir & frémir quand on songe que les Nations ont été tellement avilies, que la morale a été si dépravée, que la raison & les véritables droits des Hommes ont été mis en oubli au point, que l'on a, pendant plusieurs siècles, regardé, comme un sujet légitime de guerre, une place dans une cérémonie, une révérence, ou un fauteuil.

De longues Dépêches ont été écrites, des Conseils multipliés se sont tenus, des Négociations importantes ont échoué, le sang des Peuples a coulé quelquefois pour ces frivolités orgueilleuses.

L'Impératrice de Russie est la seule Tête couronnée qui se soit conduite, à cet égard, avec une véritable raison & une véritable dignité. « Je ne demande, » a-t-elle dit, la préséance sur personne, & je ne » l'accorderai à personne ».

ſentement celles de Naples & de Parme, que les Miniſtres du Monarque, Chef de la Maiſon, auront toujours la préſéance, dans tel acte, fonction ou cérémonie que ce ſoit; laquelle préſéance ſera regardée comme une ſuite de l'avantage de la naiſſance, & que dans toutes les autres Cours le Miniſtre, ſoit de France, ſoit d'Eſpagne, qui ſera arrivé le dernier, ou dont la réſidence ſera plus récente, ce ſera au Miniſtre de l'autre Couronne, & de même caractère, qui ſera arrivé le premier, ou dont la réſidence ſera plus ancienne; de façon qu'il y aura déſormais à cet égard une alternative conſtante & une fraternité à laquelle aucune autre Puiſſance ne devra ni ne pourra être admiſe, attendu que cet arrangement, qui eſt uniquement une ſuite du préſent pacte de Famille, ceſſeroit, ſi des Princes de la même Maiſon, n'occupoient plus les Trônes des deux Monarchies, & qu'alors chaque Couronne rentreroit dans ſes droits ou prétentions à la préſéance.

Il a été convenu auſſi que, ſi par quelque cas fortuit des Miniſtres des deux Couronnes ar-

C'est la maxime que la France devrait adopter, & dont il lui convient de donner l'exemple.

Rien n'est plus conforme aux principes de la raison & à ceux de l'égalité qui deviennent la base de notre Constitution, que de regarder, comme revêtus de la même dignité, tous les Corps politiques qui jouissent des droits de la Souveraineté. Il ne nous siérait pas d'avoir une règle de conduite au-dedans & une autre au-dehors.

Nous devons donc établir, en Europe, qu'aucune autre préséance ne soit ni exigée ni reconnue, que celle des grades entre les Ministres respectifs, & celle de la date de leur arrivée dans la Cour où ils se trouveront.

Proposons une convention en vertu de laquelle nos Ministres de même grade céderont sans difficulté le pas à celui de Raguse ou de Saint-Marin, lorsqu'il sera le plus ancien, & jamais à celui de l'Empereur, s'il ne l'est pas.

Nous sommes sûrs qu'une telle convention ne sera pas rejetée venant de nous qui avons toujours joui de la seconde place; car elle aura pour elle tous les autres Souverains, & l'Empereur seul, contre. Il dépend donc de nous de tarir une source, la plus honteuse & la plus ridicule source d'inimitiés & de contestations politiques. Plût au Ciel que les autres pussent être détruites aussi aisément!

rivoient précisément en même temps dans une Cour autre que celle de Famille, le Ministre du Souverain, Chef de la Maison, précédera à ce titre le Ministre du Souverain, cadet de la même Maison.

XXVIII.

Le présent traité ou pacte de Famille sera ratifié, & les ratifications en seront échangées dans le terme d'un mois, ou plus-tôt, si faire se peut, à compter du jour de la signature dudit traité.

En foi de quoi, nous Ministres plénipotentiaires de Sa Majesté Très-Chrétienne & de Sa Majesté Catholique, soussignés; en vertu des pleins pouvoirs qui sont transcrits littéralement & fidèlement au bas de ce présent Traité, nous l'avons signé & y avons apposé les cachets de nos armes.

Fait à Paris le 15 Août 1761.

Signés, (L. S.) Le Duc DE CHOISEUL.
(L. S.) Le Marquis DE GRIMALDI.

OBSERVATIONS GÉNÉRALES.

Nous venons de voir en quoi consiste le *Pacte de Famille.*

Une convention réciproque, dans laquelle on stipule pour les deux Nations, que *qui attaque l'une attaque l'autre* (Art. I & Art. IV) & toutes deux se trouvent obligées de se garantir toutes leurs possessions, en l'état où elles se sont trouvées à la paix de 1763 (Art. II).

Un engagement d'exercer cette garantie d'abord par un secours déterminé, ensuite par l'emploi de toutes les forces de chacune d'elles, s'il est nécessaire (Art. V, VI, VIII, & XVI).

Plusieurs mesures particulières pour l'exécution de cet engagement (Art. IX, XI, XIV & XV).

Deux réserves; l'une relative au Royaume des Deux Siciles, pour lequel l'Espagne promet de contribuer dans une plus forte proportion (Art. VII); l'autre au Traité de Westphalie, pour lequel l'Espagne ne veut pas faire la guerre à moins que la France, qui en est garante, ne se trouve attaquée à ce sujet par une Puiſſance maritime ou ſur ſon propre territoire : réſerve que l'Eſpagne, ſollicitée, a été en droit de faire & qui n'eſt pas nuiſible à la France, car ce n'eſt que dans les guerres maritimes, que le ſecours mutuel eſt indiſpenſable aux deux Puiſſances (Art. VIII).

Une promeſſe de l'acceſſion des Deux Siciles, qui n'a eu lieu que pour les articles commerciaux (Art. III, XIX).

L'obligation très-juſte de ne jamais faire de paix particulière (Art. XVII).

L'obligation très-noble de compenſer, dans le cas de guerre occaſionnée par la garantie, tous les avantages & toutes les pertes (Art. XVIII).

L'obligation très-fraternelle de ſe communiquer, en paix comme en guerre, toutes les négociations & de s'entr'aider de tous les bons offices politiques (Art. XXVI).

Les privilèges de naturalité, aſſurés chez chaque Nation aux individus de l'autre, & la participation entière & mutuelle à tous les mêmes avantages civils & commerciaux (Art. XXIII & XXIV).

La défenſe expreſſe à tout Membre d'une

des deux Nations, de rien entreprendre qui puiſſe troubler la bonne correſpondance entr'elles (Art. XXII).

La renonciation reſpective à la vanité de la préſéance (Art. XXVII).

Un Article réglementaire (X) qui demande explication ſur l'emploi des ſecours.

Un autre où l'intérêt des Peuples eſt trop ſubordonné à celui des Maiſons (Art. XX).

Deux Articles (XII & XIII) & un mot dans un troiſième (XVI) dont on peut inférer, quoique leur énonciation ne ſoit pas formelle, que l'alliance embraſſe les guerres offenſives. Articles qui, par conſéquent, ſont nuls; puiſqu'aucune Nation n'a le droit de faire une guerre offenſive, & que l'on ne peut s'engager à ce qu'on n'a pas droit de faire.

Un préambule, un ſtile, des formes qui ne conviennent plus à nos principes actuels, mais qui étaient ceux du temps, & qu'il eſt facile de corriger, d'après le progrès des lumières.

Or qu'eſt-ce qui conſtitue les Traités? ne ſont-ce pas les choſes qu'ils contiennent, les ſtipulations qu'ils renferment, non les mots plus ou moins bien choiſis pour les exprimer.

Quand on aura corrigé ces mots & ces formes peu convenables, quand les Articles offenſifs ſeront ſupprimés, ne reſtera-t-il pas tout un Traité de vingt-un Articles, raiſonnable en ſoi, juſte, ſage, utile, avantageux, ſalutaire aux deux Peuples, inviolable par conſéquent ?

Si ce Traité eſt inviolable aux yeux de la raiſon dans toutes ſes diſpoſitions défenſives, pacificatrices, civiles & commerciales, qu'eſt-il aux yeux de l'honneur ?

Il a été conclu, à la demande de la France, dans la cinquième année de la guerre la plus malheureuſe que nous ayons jamais eue à ſoutenir; après que nous avions perdu preſque tous nos Matelots, partie par la piraterie des Anglais contre la foi des Traités, partie depuis par les évènemens de cette guerre inégale; lorſque nos Colonies étaient tombées entre les mains de l'ennemi, que nos Armées de terre étaient battues, que nos Finances ſe trouvaient épuiſées ſans reſſource & ſans eſpérance.

L'Eſpagne alors vint partager nos malheurs

pour les diminuer & nous procurer la paix. Nos pertes étaient considérables & notre Puissance affaiblie, ses Domaines & sa puissance étoient dans leur entier, lorsqu'elle fit cette généreuse stipulation, que *les avantages & les pertes seraient compensés entre les deux Nations qnand il faudrait finir la guerre.*

Depuis ce temps, nous n'avons encore eu qu'une occasion de reconnaître par un service réel un aussi grand service; ce fut lors de la contestation élevée relativement aux Isles Falkland, où une négociation appuyée d'un armement respectable de notre part, une négociation telle qu'il convient à la France d'en faire pour ses alliés, eut l'efficacité qu'elle aura toujours en pareil cas & empêcha la guerre.

L'Espagne a été obligée à un plus grand effort ; elle a fait sérieusement la guerre pour nous appuyer dans celle qui a eu lieu relativement à la liberté des Etats-Unis de l'Amérique : pendant un moment elle nous a rendu maîtres de prendre Plimouth.

Et lorsque la faiblesse incroyable & honteuse de l'Archevêque de Sens, a contre notre plus évident intérêt, sacrifié trente vaisseaux de guerre, trente mille hommes de troupes, cent millions d'argent comptant, que l'habileté du précédent Ministre avait mis à notre disposition, par le droit des bienfaits; lorsqu'il a contre nos engagemens formels, contre toute bonne-foi, contre les droits naturels de l'humanité, livré la Hollande à la despotique tyrannie de la Prusse, de l'Angleterre & du Stathouder; c'est encore l'Espagne qui, par un armement imposant, a prévenu la guerre dont l'Angleterre nous menaçait, & qu'appelaient sur nous l'impuissance & la lâcheté que montrait notre Ministère.

Et nous nous croirions déliés de l'obligation de la défendre à notre tour, sous le seul prétexte que le traité que nous l'avons priée de conclure, qui a suspendu notre ruine dans la guerre de 1756, que deux fois depuis nous avons encore invoqué dans la guerre, & cent fois pour le commerce, est conçu dans un style qui ne nous convient plus, & renferme deux stipulations qui n'y sont pas essentielles, qui excèdent les droits des Nations, & qui, par conséquent ne peuvent avoir de valeur!

Nous avons cru devoir mettre *ſous la garde de l'honneur & de la loyauté françaiſe*, les engagemens pris par nos Rois & par nos Miniſtres envers nos créanciers, même uſuraires, & pour contracter les dettes qui ont fourni aux prodigalités dont nous gémiſſons. Nous l'avons fait d'après un ſentiment noble & juſte, c'eſt qu'il n'y avait, lorſque ces dettes ont été contractées, aucune autre manière de ſtipuler avec la Nation Françaiſe, & que c'eſt ſur la foi de l'eſtime qu'on lui portait, que les prêteurs ont livré leurs fonds. Mais y avait-il donc quelqu'autre manière de négocier & de contracter les traités politiques, que celle qui a été employée dans le Pacte de Famille ? N'eſt-ce pas ſur la foi du nom Français qu'il a été conclu ? Et nous croirions pouvoir rompre entièrement ce traité, & toutes les ſtipulations louables qu'il renferme & qui ſont très-nombreuſes, au-lieu de nous borner à réformer les deux ſeules conventions qui ne ſoient pas raiſonnables ! nous le romprions au-lieu de le corriger ! Perſonne ne s'y tromperait, chacun verrait que nous le romprions par la ſeule raiſon que le traité qui nous a trois fois été utile, nous paraîtrait aujourd'hui n'être pas sans péril.

Les Représentans de la Nation Française se sauveraient à travers les nuages d'une subtile philosophie, au moment du danger! Les Français seraient si peu *représentés* ! On nous ferait déroger à ce point à notre caractère national ! Non.

Mais quelle que fut la lâcheté de cette conduite, l'imprudence serait plus grande. Nous ne pouvons manquer à notre traité avec l'Espagne, qu'en voilant le sentiment de terreur qu'on cherche à nous inspirer, sous le prétexte que nous ne croyons notre Nation liée par aucun des traités défensifs & commerciaux qui ont été signés en son nom; que nous ne croyons pas qu'elle doive aux Nations Étrangères, considérées comme corps politiques, la même bonne-foi qu'elle s'est honorée de montrer à ses créanciers, de toutes les nations, dont plusieurs ont fait avec elle des contrats moins égaux & moins loyaux, que ceux qui ont fixé les conditions réciproques de nos relations extérieures. Ainsi, ce n'est pas seulement envers l'Espagne qu'on nous propose de trahir nos plus légitimes engagemens ; on veut nous conduire à déclarer, par un même acte, à tous nos alliés, qu'ils auraient tort de compter en aucune façon sur nous & sur la probité française, du moins quant à nos conventions passées ; que tous nos traités sont résiliés.

L'insidieux Conseil que l'Angleterre a fait répandre parmi nous, d'abandonner tous nos alliés, pour que tous nos alliés nous abandonnent : cet étrange conseil, sur lequel l'apparence même du doute est déja un grand mal, deviendrait notre loi ! Si nous devons *craindre nos ennemis jusques dans leurs présens* (1) à combien plus forte raison dans leurs conseils ? L'isolement effrayant dans lequel l'Angleterre a voulu nous précipiter, parce qu'elle en a n'aguères éprouvé le malheur, serait décrété dans un seul mot.

Quand nous est-il donné ce Conseil perfide ? Au moment où nous voyons la Puissance qui cherche à nous priver de nos Alliés se renforcer elle-même d'alliances & d'*alliances*

(1) *Timeo Danaos & dona ferentes.*

OFFENSIVES, que nos orateurs n'osent blâmer; qu'ils affectent de passer sous silence : au moment où sans guerre existante, au sujet d'une négociation, qui même, dit-on, laisse encore des espérances de paix, la Hollande a fait, avec une célérité sans exemple dans cette République, un armement considérable, & l'a mis en mer aux ordres de l'Angleterre.

Ainsi, tout ce qui se fait ou se ferait en Europe, contre nous & nos amis, les ligues évidentes qui nous menacent aujourd'hui, ne paraîtraient mériter aucune attention de notre part; & tout ce que nous voudrions faire, ou conserver pour nos alliés de propre à maintenir notre sûreté mutuelle, serait représenté comme incompatible avec notre Constitution.

Ceux qui diffèrent à ce point, dans l'application de leurs principes politiques, s'ils sont *amis de notre Constitution*, n'en sont pas amis éclairés, ni logiciens; & certes ils ne sont pas amis de notre sûreté extérieure, & de la conservation intégrale de notre Empire.

Ils disent, il est vrai, qu'en rompant nos traités, nous pourrons en conclure d'autres beaucoup plus raisonnables & qui seront plus solides, parce qu'ils seront complettement & uniquement nationaux. Mais voudraient-ils que l'on fît un traité dans un jour ? Ne conçoivent-ils pas que tout traité demande une discussion & une négociation préalables ? N'est-ce pas même pour que cette discussion & cette négociation aient lieu de nouveau & à loisir, qu'ils desireraient que l'on commençât par rompre nos Traités ? Si notre sûreté, si celle que nous devons à nos alliés en échange, tiennent à nos conventions réciproquement défensives, ne voient-ils pas qu'un temps considérable s'écoulerait nécessairement, pendant lequel n'ayant plus notre ancienne garantie, n'ayant pas encore établi la nouvelle, nous serions dénués de toute sûreté politique ; & ce temps suffirait peut-être pour que les Puissances confédérées contre nous & qui paraissent l'être si intimement chez nous-mêmes avec les fauteurs de l'Anarchie, parvinssent à nous rayer de la liste des nations ?

Que dirait-on de ceux qui croiraient les systêmes de fortification de M. de Montalembert ou de M. de la Clos, supérieurs à celui de Vauban, & qui proposeraient en conséquence de faire sauter en un jour toutes nos places fortes pour les reconstruire à neuf & à loisir dans l'un ou dans l'autre systême; qui nous conseilleraient de laisser nos frontières ouvertes en attendant?

L'expérience montre que la passion, l'ambition, les intérêts particuliers, la démence, peuvent hasarder ces sortes de conseils. Mais la raison & le patriotisme crient qu'il ne faut pas détruire l'édifice du salut public, avant d'en avoir construit un autre; que notre plus pressant besoin, quant à nos traités politiques, est de tranquilliser nos Alliés qu'on allarme, & de déclarer authentiquement que, dignes de leur amitié & de leur estime, nous sommes sérieusement résolus de remplir avec la plus sévère exactitude, nos engagemens défensifs; enfin que l'examen que nous nous réservons des autres conditions de nos traités, ne portera aucune atteinte à la parfaite & puissante garantie que nous avons promise aux nations qui garantissent elles-mêmes nos possessions & nos droits.

Tout ce que peuvent desirer les Citoyens vraiment bons, qui veulent avec raison perfectionner toutes nos conventions politiques, & y porter à-la-fois la prudence, l'équité, la loyauté qui conviennent à une grande Nation rentrée dans ses droits, est cette résolution, cette déclaration si nobles :

Toutes les dispositions défensives, prises par les traités faits au nom de la France, sont sacrées.

Toutes leurs dispositions offensives sont nulles.

Toutes leurs dispositions commerciales seront examinées ; mais subsisteront jusqu'au résultat de l'examen.

Pour ne laisser rien à desirer aux personnes qui veulent avoir une connaissance complète des engagemens réciproques de la France & de l'Espagne, relativement au commerce, on croit devoir joindre ici les trois conventions explicatives & confirmatives, des articles commerciaux du Pacte de Famille.

On se réserve de publier ultérieurement les observations dont elles sont susceptibles.

CONVENTION entre les Cours de France & d'Espagne, pour l'intelligence de l'article XXIV du Pacte de Famille, & autres points relatifs à la Navigation des deux Nations.

Conclue à Madrid le 2 Janvier 1768.

Au Nom de la Très-sainte Trinité, Père, Fils & Saint-Esprit. Ainsi-soit-il.

L'ARTICLE XXIV du Pacte de Famille, conclu le 15 Août 1761, entre Sa Majesté Très-Chrétienne & Sa Majesté Catholique, n'ayant pas assez clairement énoncé les avantages réciproques dont les François & les Espagnols doivent jouir dans les Royaumes respectifs ; & Leurs Majestés Très-Chrétienne & Catholique ne voulant laisser subsister à cet égard aucune incertitude, mais bien au contraire fixer invariablement le sens dans lequel cet article doit être entendu & exécuté par rapport à la navigation & au Commerce des deux Nations, leursdites Majestés Très-Chrétienne & Catholique ont donné leurs pleins pouvoirs ; savoir : Sa Majesté Très-Chrétienne au Marquis d'Ossun, Chevalier de ses Ordres, Grand-d'Espagne de la première classe, Maréchal des Camps & Armées de Sa Majesté, Conseiller-d'épée dans son Conseil d'Etat, & son Ambassadeur Extraordinaire & Plénipotentiaire auprès du Roi Catholique ; & Sa Majesté Catholique, au Marquis de Grimaldi, Chevalier des Ordres de la Toison-d'Or & du Saint-Esprit, Gentilhomme de sa Chambre avec exercice, son Conseiller d'Etat, son premier Secrétaire d'Etat & des affaires étrangères, & Surintendant général des Postes : lesquels, informés des dispositions de leurs Souverains respectifs, & après s'être communiqués leurs pleins pouvoirs, ont arrêté la convention ; dont la teneur suit :

CONVENTION.

Entre les Cours de France & d'Espagne, pour l'intelligence de l'article XXIV du Pacte de Famille, & points relatifs à la navigation des deux Nations.

Ayant mûrement réfléchi sur la négociation qui a donné lieu au Pacte de Famille, on a vu clairement que l'esprit de ce traité & la volonté des Souverains, par rapport au Commerce & à la navigation, a été non seulement d'assurer aux François & aux Espagnols les avantages réciproques dont ils jouissoient en vertu des Conventions & des Traités qui existoient entre les deux Couronnes depuis celui des Pyrénées, mais encore de procurer aux deux Nations des avantages bien supérieurs à ceux dont elles jouissoient auparavant; comme il paroît évidemment par l'article XXIV du Pacte de Famille, dont la teneur suit :

Article XXIV du Pacte de Famille, célébré à Paris le 15 Août 1761.

» Les sujets des hautes parties contractantes seront » traités relativement au commerce & aux impositions, » dans chacun des deux Royaumes en Europe, comme » les propres sujets du pays où ils aborderont ou rési» deront, de sorte que le Pavillon Espagnol jouira en

» France des mêmes droits & prérogatives que le Pavillon François ; & pareillement que le Pavillon François sera traité en Espagne avec la même faveur que le Pavillon Espagnol. Les sujets des deux Monarchies, en déclarant leurs marchandises, payeront les mêmes droits qui seront payés par les nationaux ; l'importation & l'exportation leur seront également libres, comme aux sujets naturels ; & il n'y aura de droits à payer de part & d'autre, que ceux qui seront perçus sur les propres sujets du Souverain, ni de matières sujettes a confiscation, que celles qui seront prohibées aux nationaux eux-mêmes ; & pour ce qui regarde ces objets, tous Traités, Conventions ou Engagemens antérieurs entre les deux Monarchies, resteront abolis : bien entendu que nulle autre Puissance étrangère ne jouira en Espagne, non plus qu'en France, d'aucun privilége plus avantageux que celui des deux Nations «.

Il résulte de la teneur de cet article, que les deux Cours ayant voulu resserrer fortement les liens qui les unissent, formèrent le projet de *ne faire des François & des Espagnols qu'un seul & même peuple* (1), afin que de la communication réciproque des avantages dont chaque Nation jouit dans son propre pays, il s'établît, en faveur du commerce & de la naviga-

(1) Je demande au Lecteur de remarquer ces expressions, qui renferment le véritable & l'admirable esprit du Pacte de Famille.

tion des deux, une telle combinaison d'avantages qu'aucune autre nation étrangère ne fût plus favorisée que les Sujets respectifs, dans les domaines des deux Souverains.

N'étant donc pas juste que les doutes qui ont pu s'élever sur l'intelligence & l'interprétation dudit article XXIV, privent les François en Espagne & les Espagnols en France de continuer à jouir de tous les priviléges, exemptions & droits dont ils jouissoient avant ledit Pacte, & dont jouissent, en vertu de leurs Traités de paix & de commerce, les nations les plus favorisées, attendu qu'ils n'y ont pas renoncé; & que ces même doutes soient un obstacle pour qu'ils ne participent pas aux priviléges, droits, exemptions & prérogatives dont les propres sujets jouissent dans chaque Royaume, puisqu'ils leur sont devenus communs & réciproques en vertu du Pacte de Famille; à cet effet, on est convenu de ce qui suit :

ARTICLE PREMIER.

Afin que la France ne soit pas privée en Espagne des avantages dont jouit le Commerce des autres nations, en vertu de traités qui les favorisent, & surtout de celui célébré à Utrecht, entre l'Espagne & l'Angleterre, en l'année 1713, dans lequel est rappelé celui de l'année 1667, avec les articles explanatoires de l'année 1715, & autres postérieurs qui leur sont relatifs, tandis que l'esprit du Pacte de Famille a été d'améliorer considérablement le commerce des François, & des Espagnols; on est convenu que tous les privilèges, prérogatives & graces dont jouissent les autres Nations & qui sont contenus & détaillés dans les susdits Traités, quoiqu'ils ne soient pas expliqués dans le Pacte de Famille, subsisteront, en faveur des François, dans toute leur force & vigueur, tant qu'il ne sera pas fait entre les deux Cours un nouveau Traité de commerce, comme s'ils avoient été arrêtés directement entre les deux Couronnes. La même chose doit s'entendre pour toutes les graces, distinctions & prérogatives qui seroient accordées dans la suite au commerce des autres nations, dans la supposition qu'on ne refusera pas en France aux Espagnols, les mêmes prérogatives & celles que cette Couronne pourroit accorder, pour quelqu'autre motif, à d'autres Puissances.

II.

Il a été convenu que tous les privilèges que l'une des deux Couronnes accorderoit dans ses domaines d'Europe, Isles adjacentes & Canaries, en faveur de la navigation & du commerce de ses propres sujets, seront aussi-tôt communs aux deux nations, de manière qu'elles jouiront, sans aucune différence, des diminutions de droits qu'il y a ou qu'il y aura à l'avenir, tant en France qu'en Espagne, sur l'entrée & sortie

des bâtimens nationaux, sur les droits d'ancrage, tonnelage & lestage, ainsi que sur les marchandises, les denrées & les comestibles qui s'embarqueront, ou qui viendront au nom & à la consignation des naturels du pays, sans qu'il y ait entre les deux nations aucune préférence pour les frêts, ni l'obligation pour l'exportation & le commerce de certaines marchandises & denrées, de devoir se servir précisément des seuls bâtimens nationaux, ainsi que Sa Majesté Très-Chrétienne l'a fait observer en faveur des bâtimens Espagnols, à l'occasion de l'exportation & du libre commerce des grains.

III.

Les pêches sur les côtes de France & d'Espagne, seront également communes aux deux nations, à condition que les François & les Espagnols s'assujettiront, respectivement dans les endroits où ils se détermineront de pêcher, aux Loix, Statuts & Pragmatiques qui se trouveront établis pour les pêcheurs nationaux, conformémement à ce qui a été décidé & prescrit par Sa Majesté Catholique, dans ses Ordonnances du 12 Mai 1742, pour la pêche des Tartanes françoises sur la côte & baye de Cadix; & du 27 Janvier 1766, pour la pêche des côtes de Catalogne & de Provence.

IV.

Comme il est survenu, depuis l'année 1760, plu-

sieurs doutes sur l'intelligence [illegible] priviléges, les François ayant prétendu que, conformément au Traité de l'année 1649; & sur-tout particuliérement aux articles X, XIV & XV de celui des Pyrénées, leurs bâtimens fussent maintenus dans la possession où ils étoient de n'être pas visités par les Officiers des rentes & des Douanes, sous quelque prétexte que ce fût; & d'un autre côté, la Cour d'Espagne ayant prétendu que selon l'article X du Traité d'Utrecht, elle étoit en droit de faire visiter les bâtimens François dans la forme prescrite par ledit article, qui s'observe à l'égard des Anglois, on est convenu que, quant à la visite des bâtimens, on se conformera désormais à ce qui est porté par ledit article X du Traité d'Utrecht; & que, pour ce qui concerne le débarquement & la visite des marchandises, on se conformera aux règles prescrites par l'article XI dudit Traité. A cet effet, on a inséré ici, mot à mot, lesdits deux articles, afin qu'on n'en puisse pas prétendre cause d'ignorance, & pour qu'ils servent de règle aux Administrateurs des rentes & des Douanes.

Article X du Traité de Commerce entre l'Espagne & l'Angleterre, fait en 1667, & inséré dans celui d'Utrecht de l'année 1713.

» Que les vaisseaux ou autres bâtimens appartenans » au Roi de la Grande Bretagne, ou à ses sujets ou au-

» tres qui navigueront dans les domaines du Roi d'Ef-
» gne ou qui entreront dans quelqu'un de fes Ports,
» ne feront pas vifités par les Miniftres ou Juges de
» la contrebande, ou par toute autre perfonne agif-
» fante de fa propre autorité. Il ne fera point mis de
» Soldats, hommes armés, ou autres Officiers, à bord
» d'aucun defdits vaiffeaux ou bâtimens, fous prétexte
» de les garder; & les Officiers de Douane, de l'une
» & de l'autre part, ne pourront faire aucune recher-
» che dans lefdits vaiffeaux qui entreront dans les do-
» maines ou ports refpectifs, jufqu'à ce que lefdits
» vaiffeaux ou bâtimens foient déchargés, ou qu'ils
» aient mis à terre la partie des marchandifes qu'ils ont ré-
» folu de débarquer dans ledit port. Le Capitaine, Maître,
» ni aucune autre perfonne defdits vaiffeaux ou bâtimens
» ne pourront être emprifonnés, ni leurs vaiffeaux arrêtés;
» mais, dans l'intervalle, les Officiers royaux & de la
» Douane pourront refter à bord defdits bâtimens,
» en n'excédant pas le nombre de trois, pour veiller à
» ce qu'il ne foit pas débarqué defdits navires aucuns
» effets & marchandifes fans avoir payé les droits qui
» feront réglés par ces articles : lefquels Officiers ne
» feront point à la charge du navire ou navires, bâtiment
» ou bâtimens, leurs Officiers, Matelots, Compagnies,
» Marchands, Facteurs ou propriétaires; & lorfque
» le Maître ou Patron aura déclaré qu'il veut débarquer
» toute la cargaifon de fon navire dans quelque port,
» la déclaration & la remife defdites marchandifes fe

» feront en la Douane, en la forme usitée : si après qu'elles » auront été faites, il se trouve dans lesdits navires quel- » ques effets au-delà de ceux contenus dans ladite dé- » claration, on accordera huit jours de terme, qui seront » comptés, en excluant les fêtes, depuis celui où la » décharge aura commencé, afin de déclarer & d'intro- » duire lesdits effets non manifestés, & de les sauver » de la confiscation ; & si l'introduction n'en est pas » faite dans ledit terme, alors les effets particuliers » qui se trouveront à bord, encore que la décharge n'ait » pas été terminée, seront confisqués seulement, & » non les autres, sans que les marchandises & pro- » priétaires desdits navires soient molestés ni châtiés en » aucune chose ; & si lesdits navires ou bâtimens sont » chargés, il pourront sortir librement ».

Article XI du Traité fait avec l'Angleterre en l'année 1713.

» Les Capitaines des bâtimens marchands qui entre- » ront dans quelque port d'Espagne, seront obligés de » remettre, dans l'espace de vint-quatre heures après » leur arrivée, deux déclarations ou inventaires des » marchandises qu'ils auront apportées, ou de la partie » qu'ils voudront décharger dans le port ; savoir : une » déclaration au Receveur ou Commissaire de la Douane, » l'autre au Juge de la contrebande ; ils ne pourront » pas ouvrir les écoutilles avant, ou qu'ils aient été visités, » ou que le Receveur de la Douane leur en ait accordé

» la permiſſion ; ils ne pourront décharger aucune » marchandiſe ſous d'autre prétexte que celui de les » faire tranſporter directement à la Douane, ſuivant la » permiſſion qu'à cette fin on leur aura remiſe par écrit ; » il ne ſera pas permis à aucun des Juges de la contre- » bande, ou autres Officiers de la Douane, d'ouvrir, » ſous quelque prétexte que ce ſoit, les balots, caiſſes, » barriques, ou autres paquets, de quelques marchandiſes » que ce ſoit, appartenantes aux Sujets de la Grande- » Bretagne, pendant qu'on les tranſporte à la Douane » & avant d'y être arrivées, puiſque cette opération » doit ſe faire dans la même Douane, devant le pro- » priétaire des marchandiſes ou Commis qui ſera chargé » d'en payer les droits, & de les retirer : mais ledit » Juge de la contrebande, ou ſes prépoſés, pourront » aſſiſter à l'opération de la décharge des marchandiſes, » auſſi-bien que dans la Douane, loſqu'on en prend » les regiſtres & qu'on les dépêche ; s'il y avoit ce- » pendant ſoupçon de fraude, ou qu'on remarquât qu'on » veut faire paſſer une marchandiſe pour une autre, » les Juges pourront faire ouvrir tous les ballots, » caiſſes ou barriques, pourvu que cela ſe faſſe dans » la Douane même & non ailleurs, mais toujours en » préſence du Marchand ou de ſon Commis, & non autre- » ment ; lorſque les marchandiſes auront été dépêchées » dans la forme ſuſdite, & que les caiſſes, barriques » ou autres ballots dans leſquels elles ſe trouveront ren- » fermées, auront été marqués du ſceau & du plomb

» de la Douane, aucun Juge de la contrebande ou » autres officiers, ne pourront plus les faire ouvrir ou » empêcher que le Marchand les fasse transporter chez » lui; ils ne pourront pas non plus, sous quelque pré- » texte que ce soit, empêcher que les marchandises » dépêchées de la façon susdite, puissent être échangées » d'une maison ou d'un magasin à un autre, dans les » murailles ou enceintes de la même ville ou village, » pourvu que ce transport se fasse depuis huit heures » du matin jusqu'à cinq heures du soir; ils devront » cependant prévenir les Fermiers des *Alcavalas-y* » *Cientos*, du motif de ces changemens, c'est-à-dire, » si c'est pour les vendre, afin que les droits de » *Alcavalas-y Cientos*, qui n'auroient pas été payés, » soient perçus sur les lieux, ou dans l'endroit où » les marchandises seroient vendues, ou afin qu'on délivre » au Marchand ou à son Commis le passe-avant ou acquit » à caution suivant l'usage : dans tout le reste, la liberté » & le droit qui ont été accordés de pouvoir passer » les marchandises d'un port à l'autre, ou d'un village à » l'autre, seront conservés dans toute leur force & vigueur, » pourvu que ce transport se fasse dans les domaines » du Roi d'Espagne, tant par terre que par mer, & » sous les conditions spécifiées dans l'article V de ce » Traité ».

Pour ôter toute espèce de difficulté sur la manière d'entendre & d'exécuter les articles X & XI du Traité d'Utrecht, on est convenu que tous navires, soit François, ſoit Eſpagnol, arrivant dans un port de l'une ou de l'autre Puiſſance, ſeront tenus, ainſi qu'il eſt preſcrit par ledit article X, de donner leur déclaration dans les vingt-quatre heures de leur arrivée : après cette déclaration, que le vaiſſeau ſoit de tranſit, ou chargé pour le même port, les Employés de la Douane ſeront mis à bord, n'excédant pas le nombre de trois ; on donnera la permiſſion de décharger ; & à commencer du jour du débarquement, le Capitaine aura huit jours, en excluant ceux des fêtes, pour réformer ſa déclaration, ou redreſſer les omiſſions & erreurs qui auroient pu la rendre défectueuſe ; après leſquels huit jours expirés, les Adminiſtrateurs des Douanes ou Employés des Fermes auront la faculté de faire la viſite une ſeule fois, & pas davantage, laquelle viſite ſe dirige à vérifier à bord du bâtiment la déclaration de la cargaiſon faite à la Douane ; dans le cas où il y auroit à bord deſdits navires quelques marchandiſes de contrebande, elles devront être déclarées dans les vingt-quatre heures de l'arrivée du bâtiment, ſans que par rapport auxdites marchandiſes de contrebande, la déclaration en puiſſe être réformée ; de ſorte que celles qui n'auront pas été déclarées, ſeront confiſquées, ſans que les Capitaines deſdits navires puiſſent profiter pour leſdites marchandiſes de commerce illicite, des huit jours de grâce accordés pour le reſte du chargement : le ſurplus deſdits articles X & XI du Traité d'Utrecht ſera exécuté ſuivant ſa forme & teneur.

V.

V.

Avant établi dans l'article précédent la manière dont on devra procéder généralement à la visite de *fondeo*, & à la garde des bâtimens, les deux Cours ont jugé à propos de convenir & de déclarer que les règles prescrites par l'article X du Traité d'Utrecht, auront seulement lieu pour les bâtimens qui excèdent la portée de cent tonneaux : mais que quant à ceux dont la portée est moindre de cent tonneaux, ils pourront être visités, après avoir donné le manifeste de leur cargaison, sans qu'on soit obligé d'attendre les huit jours accordés pour les autres bâtimens, soit que la décharge ait commencé ou non, ou qu'elle soit entièrement achevée ; cependant, pour éviter qu'on abuse de cette visite arbitraire, il conviendra qu'elle ne soit pas répétée sans qu'il y ait quelque soupçon bien fondé, qu'on a pu introduire quelques effets de contrebande dans ces bâtimens au-dessous de cent tonneaux ; & si par le manifeste il conste que la cargaison de ces bâtimens inférieurs consiste, en tout ou partie, en marchandises prohibées, ou de contrebande, l'Administrateur de la Douane pourra exiger que le Capitaine les fasse descendre à terre, afin d'éviter qu'elles ne soient vendues dans le temps que le bâtiment restera de relâche dans le port; bien entendu qu'elles lui seront rendues au moment de son départ, sans exiger aucun droit de dépôt, ni lui occasionner le moindre faux-frais ; en cas de contrebande, le Capitaine, l'équipage & le bâtiment, ainsi que les autres effets de libre commerce, seront traités, quant à la peine, suivant ce qui a été déjà établi dans l'article X du Traité d'Utrecht, sans qu'il soit fait sur ce point aucune différence entre ces vaisseaux & ceux au-dessus de cent tonneaux, parce que tous également doivent être compris indistinctement dans les dispositions portées par ledit article. Les administrateurs de la Douane seront toujours tenus de procéder à tous ces actes, visites & précautions, d'accord avec le Consul, conformément à ce qui sera réglé dans l'article VI de la présente Convention, leur présence & leur intervention étant absolument nécessaires pour éviter toute espèce de violence & de mal entendu, sous peine de donner pour nulles toutes les procédures faites sans avoir observé que le Consul a manqué d'y assister par sa faute, après avoir été dûment averti. Ces règles fixant de part & d'autre la visite arbitraire, on les adoptera également en France pour les bâtimens Espagnols de même nature & portée.

VI.

Les Consuls, Vice-consuls, Députés, &c. étant les interprètes de la nation qu'ils représentent, il a été ci-devant décrété qu'ils devroient accompagner les Capitaines, Maîtres & Patrons dans tout ce qu'ils auront à faire pour le manifeste de leurs marchandises, dépêche de patentes & lettres de mer; comme auſſi les Miniſtres de Doaune, lorſqu'ils doivent aller à bord des bâtimens pour y pratiquer la viſite de *fondeo*; on eſt en conſéquence convenu que l'on obſervera cette pratique ſans reſtriction ni omiſſion; qu'en outre, aucun Juge du pays ne pourra prendre la déclaration d'un Capitaine, Patron, ou autre que ce ſoit de l'équipage d'un bâtiment, ſans que le Conſul y ſoit préſent, parce que c'eſt le ſeul moyen d'éviter toute eſpèce de ſurpriſe & de déſagrément, & d'obtenir que la juſtice s'adminiſtre ſans oppoſition; car il eſt preſcrit par les Ordonnances à tous les Navigateurs d'obéir aux Conſuls, & de les reſpecter comme leurs ſupérieurs immédiats, le tout conformément à l'article VI du Traité de 1725; bien entendu qu'on devra indiquer une heure préciſe au Conſul, & que s'il tardoit à intervenir lui-même, ou à envoyer une perſonne qui le repréſente, l'obligation portée par cet article ſera cenſée remplie, puiſque ce ſera faute de n'avoir pas aſſiſté auxdites procédures.

VII.

Comme on a obligé quelquefois les Capitaines à prendre pratique, & à débarquer leurs marchandiſe malgré eux, ou contre la volonté de leurs conſignataires, on eſt convenu qu'il ſera toujours libre au Capitaine de faire ſon débarquement, à moins que ſon chargement ne conſiſte en blé, auquel cas la néceſſité publique du port où il relâchera pourra donner droit ſur ſon chargement, en lui payant ſelon les circonſtances & les prix courans.

VIII.

Les Officiers des Douanes retardent ſouvent, ſans aucune cauſe légitime, la dépêche des chargemens, ou l'examen des marchandiſes qui doivent être chargées ou introduites; afin d'éviter les préjudices qui s'enſuivent au commerce, il a été convenu qu'on obſervera ce qui a été preſcrit ſur cette matière par les Traités, & qu'en outre on recommandera & qu'on tiendra la main à ce que les dépêches ſoient expédiées dans le terme le plus court qu'il ſera poſſible, & qu'on préviendra les Adminiſtrateurs de ne donner aucun motif de plainte ſur un objet auſſi important pour le commerce.

IX.

Ayant remarqué que quelques Adminiſtrateurs des Douanes, malgré ce qui eſt ſtipulé dans l'article XI du Traité d'Utrecht rapporté ci-deſſus, obligeoient les Capitaines à payer les droits des marchandiſes qu'ils déclarent devoir conſigner ou vendre dans un autre port de la côte, il a été convenu qu'on ordonnera expreſſément auxdits Adminiſtrateurs de s'abſtenir de cette vexation, & de percevoir uniquement les droits ſur les marchandiſes qui ſe débarquent dans le port, laiſſant que les droits de celles qui ne ſe ſont pas réellement, ſoient acquittés dans les ports pour leſquels elles ſont deſtinées, toutes les fois qu'il y aura dans leſdits ports des Bureaux de Douane établis pour les percevoir; défendant également auxdits Adminiſtrateurs de rompre, ni de viſiter les chargemens & les ballots qui auront été déclarés être deſtinés pour un autre port ou pour un autre pays.

X.

Il eſt convenu par les Traités, qu'on doit ajouter foi aux certificats, patentes, polices & lettres de mer, tant pour ce qui regarde la ſanté du vaiſſeau & de ſon équipage, que la qualité des chargemens & des lieux d'où ils proviennent; les Adminiſtrateurs & Officiers de la Douane, ſans s'écarter de ces règles, feront, dans la Douane même, l'examen qu'ils jugeront convenable; mais une fois que les marchandiſes auront été dépêchées, on ne pourra plus empêcher les conſignataires & acheteurs d'en diſpoſer par vente ou autrement, ou de les envoyer d'un endroit à l'autre, pourvu qu'elles ſoient accompagnées des dépêches, ou acquits à caution légitimes; & dans le cas où on s'apercevroit de quelque faute, on procédera contre ceux qui peuvent y avoir donné lieu, défendant contre le commerce toute perquiſition qui peut en altérer l'ordre & la bonne foi avec laquelle il ſe fait.

X I.

Les Capitaines ſont tenus de déclarer de bonne-foi

les marchandiſes qu'ils apportent de contrebande, ou celles qui ſont prohibées, dans le port où ils entrent; & il leur ſera permis, dès qu'ils auront donné le manifeſte de leur chargement, de garder à bord les marchandiſes prohibées, ſous la condition cependant de fournir, lorſqu'ils iront prendre leurs patentes pour leur départ, une pleine ſatisfaction aux Employés des Douanes ſur l'exiſtence à leur bord des effets prohibés; & dans le cas que, pour plus grande ſûreté, les Capitaines ou Employés des Douanes vouluſſent les faire mettre à terre, ils pourront l'exécuter, en les mettant, par voie de dépôt, à la Douane, & les y retenir juſqu'au moment du départ du bâtiment, ſans exiger des droits ni cauſer aucun dommage.

XII.

Afin de combiner, autant qu'il eſt poſſible, la liberté du commerce, avec les précautions néceſſaires pour éviter qu'à la faveur des priviléges & exemptions rapportés ci-deſſus, on n'en prenne occaſion de faire un commerce illégitime & de frauder les droits dûs aux finances des deux Couronnes, il a été établi par l'article XI du Traité d'Utrecht, que toutes les marchandiſes ſaiſies en contrebande actuelle ſeront confiſquées, ſans que pour cela le navire, le Capitaine, & ſon équipage ſoient détenus, ni que les autres marchandiſes de ſon chargement ſoient mêlées ni compriſes dans la confiſcation. En conſéquence de quoi il a été convenu entre l'Eſpagne

& la France, que les ſeuls effets qui ſeront ſaiſis dans le moment de leur introduction ou exportation en contrebande, ſeront confiſqués ; & que de plus, ſi celui qui les introduit eſt pris à terre, il ſera procédé contre lui, quoi qu'il ſoit de l'équipage du vaiſſeau, ſans que pour cela on puiſſe retenir le bâtiment, ni procéder contre le reſte de l'équipage.

XIII.

Il arrive ſouvent que les vaiſſeaux, pour ſe garantir des accidens qu'on éprouve à la mer, ou de la pourſuite de l'ennemi, ſe voient contraints d'entrer dans un port, ſans que leur chargement y ſoit deſtiné ; il a été convenu que les motifs de ces relâches n'étant point ſuppoſés, mais réels, il eſt conforme à la bonne-foi & à l'humanité de permettre qu'on dépoſe à terre les marchandiſes, & qu'on les tranſborde ſur un autre bâtiment pour éviter qu'elles ne dépériſſent, en y procédant néanmoins avec la permiſſion & l'intervention des Employés des Douanes, ſans que pour le dépôt, ou le transbordage, il ſoit payé aucuns droits, ni occaſionné d'autres frais que ceux des loyers des magaſins qui ſeront néceſſaires pour réparer les avaries, & mettre le bâtiment en état de continuer ſa navigation ; mais ces cas, qui ſont dictés par la néceſſité, ne doivent pas être confondus avec les tranſbordages de marchandiſes qui ſe font avec la permiſſion des Employés des Douanes, à titre de vente, & pour la convenance du commerce, en payant les droits établis.

X I V.

Il a été déclaré par une Ordonnance de Sa Majesté Catholique, du 17 Juillet 1751, adressée à l'Intendant de la Marine de Cadix, que toutes les fois que quelque bâtiment François échoueroit dans les plages & ports de la côte de son Royaume, par tempête ou autre accident, ayant à son bord le tout ou partie de son équipage, & dans lesquels endroits il y auroit le Consul ou Vice-consul de la même Nation, on leur laissât le soin de pratiquer tout ce qu'ils jugeroient convenable pour sauver le vaisseau, son chargement & appartenances, pour le magasinage des marchandises, frais & autres choses qui aient rapport à cet incident, sans que les Ministres, Officiers de Marine & de terre, & les Justices ordinaires, s'en mêlent, autrement que pour faciliter aux Consuls, Vice-Consuls, & Capitaines des vaisseaux échoués, tous les secours & faveurs qui leur seront demandés pour la célérité & la sûreté du sauvetage de tout ce qui sera possible; & afin d'éviter les désordres & les vols qui accompagnent ordinairement ces accidens facheux; on est en conséquence convenu qu'on observera à l'avenir, avec les bâtimens Français, la pratique établie par ladite Ordonnance du 17 Juillet 1751; & afin d'éviter toute espèce de question de compétence dans les discussions des naufrages, on est convenu que toutes les fois qu'on aura besoin de l'intervention du Juge pour la légalité de l'inventaire, authenticité des effets naufrages, leur dépôt & autres incidens qui pourroient faire soupçonner la conduite des Capitaines, Pilotes, & autres Conducteurs des vaisseaux échoués, cette Jurisdiction sera privativement exercée en Espagne par les Ministres de la Marine, & en France par les Juges de l'Amirauté, comme il est prescrit dans les Ordonnances de la Marine des deux Couronnes. Les marchandises sauvées du naufrage devront être déposées à la Douane avec inventaire, afin que devant être réexportées pour leur destination, elles soient embarquées sans payer aucune espèce de droits d'entrée & de sortie.

X V.

ÉTANT également nécessaire de régler avec uniformité dans tous les ports d'Espagne, les fraix & droits à l'occasion de la visite de santé, qui ont été jusqu'à présent imposés & perçus arbitrairement, avec une grande différence d'un port à un autre, il a été convenu qu'on demanderoit aux Capitaines généraux & aux Gouverneurs des ports, une note exacte de ces droits, pour en dresser avec connoissance le tarif, qui sera rendu public, afin de prévenir toute vexation.

X V I.

LES bâtimens François sont assujettis dans quelques ports d'Espagne à une visite appelée *d'inquisition*, laquelle

ne laiſſe pas que d'occaſionner des droits onéreux à la navigation : pour éviter la ſurcharge qui en pourroit réſulter pour le commerce, on eſt convenu qu'on ordonneroit à l'Inquiſiteur général d'expoſer & de faire connoître authentiquement les droits que, ſous prétexte ou ſous le nom de l'Inquiſition, on perçoit ſur les bâtimens qui entrent dans les ports d'Eſpagne, & d'en ſpécifier le Pavillon, afin de pouvoir, avec connoiſſance de cauſe, arrêter ces abus, & diſpoſer qu'il ne ſoit pas perçu ſur les François, d'autres droits que ceux que peuvent contribuer, à ce titre, les Anglois, les Hollandois & les autres nations du Nord.

XVII.

On ſait que dans les mers de Catalogne, & dans les terres limitrophes à la France, on exige ſur les bâtimens & Sujets François, des droits appelés *Lleuda*, ſans que les naturels du pays y ſoient aſſujettis. On eſt convenu de faire vérifier dans quels ports de la principauté de Catalogne, & dans quels paſſages des Pyrénées on perçoit leſdits droits de Lleuda, afin de pouvoir ſoulager de cet impôt les Sujets & les bâtimens François, dans le cas que les naturels du pays en ſoient exempts ; bien entendu que les Sujets Eſpagnols ne payeront, dans les frontières de France limitrophes à l'Eſpagne, d'autres droits que ceux que payent les naturels François.

XVIII.

Sa Majesté Catholique ayant égard à l'exemption de droits accordée à sa Marine dans les ports de France, pour les vivres & effets qu'elle seroit dans le cas d'y prendre pour son service, a, par réciprocité, rendu une Ordonnance du 21 Juillet 1765, par laquelle ce Monarque supprime la perception des droits sur les vivres & effets dont les vaisseaux de Sa Majesté Très-Chrétienne se trouveroient avoir besoin dans les ports d'Espagne; & en conséquence il a été convenu de ratifier par cet article lesdites Déclarations, afin qu'elles aient leur entier effet & vigueur pour tout le temps qu'on jugera à propos de les observer de part & d'autre.

XIX.

Rien n'est plus préjudiciable au service & au Commerce maritime, que la désertion des Matelots pendant que les vaisseaux sont dans les ports; on est convenu à cet effet, qu'il ne soit point donné d'asyle aux Matelots qui déserteront des bâtimens, & qu'on ne consentira pas que les Matelots qui se retirent avec passeport & conduite des Consuls à leurs départements, prennent parti dans les troupes de terre; mais au contraire, les Gouverneurs, Justices, Chefs militaires de terre & de mer, seront tenus de donner manifeste & secours pour les arrêter & remettre au Consul, ou aux bâtimens qui les réclameront.

X X.

La célérité avec laquelle on a déſiré de terminer cette Convention, pour mettre fin aux diſputes qui ſe ſont élevées dans les ports reſpectifs entre les Navigateurs & les Employés des Rentes, n'ayant pas permis d'y inſérer différens articles eſſentiels qui regardent le commerce des deux Nations, & qui exigent un examen plus long & plus réfléchi; on eſt convenu de diſcuter & de régler ſéparément ces points, pour établir ce qu'on devra obſerver à leur égard pour le plus grand avantage des Sujets des deux Couronnes; & on a déclaré que dans chaque article de la préſente Convention, doit être ſous-entendu le droit de la réciprocité, comme s'il y étoit expreſſément ſtipulé, afin que les François en Eſpagne, & les Eſpagnols en France, ſoient traités & puiſſent y commercer ſuivant les règles qui y ſont établies.

X X I.

Cette Convention doit être regardée comme faiſant partie du Pacte de Famille, atendu que ce qui l'a motivée, a été l'interprétation de l'article XXIV dudit Pacte; mais on eſt convenu que les vingt articles qui ont été dreſſés à ce ſujet, reſteront ſecrets entre les deux Cours; promettant, chacune de ſon côté, de donner des ordres & prendre des meſures, ſuivant que les cas particuliers l'exigeront & y donneront naturellement lieu, pour que les Gouverneurs des Places maritimes, des Douanes, & autres Officiers chargés de leur exécution, s'y conforment & se règlent suivant ce qui a été convenu & expliqué dans lesdits articles & Convention; auquel effet, Leurs Majestés Très-Chrétienne & Catholique ont offert de la ratifier dans la forme la plus authentique pour sa plus grande force & validité. En foi de quoi, nous, Ministres Plénipotentiaires de Sa Majesté Très-Chrétienne & de Sa Majesté Catholique, soussignés, en vertu des pleins pouvoirs qui sont transcrits littéralement & fidèlement au bas de la présente Convention, nous l'avons signée, & avons apposé les cachets de nos armes. FAIT à Madrid, ce deux Janvier mil-sept cent soixante-huit. *Signé* OSSUN, & MARQUIS DE GRIMALDI.

L. S. *L. S.*

OBSERVATIONS

SUR la Convention de 1768.

CETTE Convention qui exprime si bien l'esprit du Pacte de Famille, en disant *qu'il a pour objet, de ne former qu'un seul Peuple des deux Nations*, est pleine de vues & de stipulations utiles. Il y a vingt-deux ans qu'elle sert de principale loi commerciale entre la France & l'Espagne; & quoiqu'il eût été stipulé qu'elle serait ſecrète, il y a vingt-deux ans qu'elle a dans tous les ports de l'un & de l'autre Empire, la plus grande publicité. On ne peut être trop ſurpris qu'elle ait été ignorée d'un écrivain politique & diplomatique auſſi laborieux que M. l'Abbé de Mably.

Nous ne nous attacherons point à développer tous les avantages de cette Convention, qui n'eſt qu'une dépendance du *Pacte de Famille;* ils ſont ſenſibles, & ce qu'ils peuvent laiſſer à deſirer, ſera l'objet d'un travail particulier, ſi notre conduite envers l'Eſpagne reſſerre, comme on doit l'eſperer, les liens qui uniſſent & qui doivent à perpétuité unir les deux Nations.

l'Objet de la Collection que nous publions aujourd'hui, eſt de faire connaître tous les détails de notre Alliance avec l'Eſpagne, & de mettre ainſi les Repréſentans de la Nation & tous les bons Citoyens à portée de juger ſi cette Alliance doit être rompue, comme on a cherché à le perſuader; & s'il ne ſuffit pas de corriger le petit nombre de ſtipulations, que l'ancienne politique avait introduites dans le traité, & qui ſont au-deſſous de la ſageſſe de ſes diſpoſitions fondamentales, & des nombreux engagemens viſiblement utiles aux deux Peuples, qui ſont & ont été la ſuite de ces diſpoſitions, dictées par la raiſon, la morale, l'intérêt bien entendu, le droit indélébile d'aſſurer la défenſe réciproque contre toutes les attaques des Nations ambitieuſes, avides & injuſtes.

CONVENTION

ENTRE

LA FRANCE

ET

L'ESPAGNE,

QUI règle les fonctions des Officiers des Amirautés & des Consuls, aux naufrages des Navires appartenans aux Sujets respectifs des Nations.

Du 27 Décembre 1774.

L'ARTICLE 20 de la Convention secrette, arrêtée entre les deux Cours le 2 Janvier 1768, ayant statué que les articles qui n'auroient pu y être insérés, seroient discutés & réglés à l'avenir séparément; & l'expérience ayant démontré que les articles spécifiés dans ladite Convention étoient insuffisans pour arrêter la contrebande qui se fait sur les terres des deux Dominations par leurs sujets respectifs, il a été jugé nécessaire de prendre de nouvelles précautions, non-seulement pour arrêter les entreprifes des Contrebandiers, qui, après avoir débarqué à Bagnols & fur les côtes du Rouffillon, les tabacs qu'ils ont chargés à Dunkerque & à Nice, les introduifent en Efpagne à main armée ou autrement, en empruntant le paffage du Rouffillon; mais auffi pour prévenir l'abus que font les Contrebandiers François ou d'autres Nations, du Pavillon Efpagnol, à la faveur duquel ils approchent des côtes de France, ftationnent près des îles, faux ports, à l'embouchure des rivières, pour faire des verfemens en fel & tabac. Les loix faites pour cet effet en Efpagne, en Avril 1770, ni les différens jugemens rendus par les Tribunaux de France, n'ayant pu arrêter les entreprifes des Contrebandiers, ladite Convention du 2 Janvier 1768, ne faifant d'ailleurs aucune diftinction entre les marchandifes dont l'entrée dans les ports des deux Royaumes n'eft interdite que faute d'acquiter les droits impofés à l'entrée, d'avec celles dont la prohibition eft abfolue, ou dont la vente eft réfervée au Souverain dans les deux Royaumes, tels que le fel & le tabac; il a paru convenable, par tous les motifs mentionnés & autres, de régler ces différens objets & autres, d'une façon invariable, & d'établir des règles qui puiffent arrêter les efforts de la contrebande fans gêner le commerce; faire refpecter le Pavillon des deux Nations, & maintenir l'union qui doit régner entre les deux Cours & leurs fujets refpectifs. On a, à cet effet, déterminé & établi les articles fuivans, qui doivent être obfervés avec la plus parfaite réciprocité,

&

& considérés comme supplément, explication & correction de ladite Convention du 2 janvier 1768.

ARTICLE PREMIER.

AUCUN Navire François ne pourra entrer dans les ports d'Espagne, ni aucun Navire Espagnol dans ceux de France, lorsqu'ils seront chargés, en tout ou en partie, de sel ou de tabac dont l'entrée est absolument prohibée dans ces ports, sous peine de confiscation du sel ou du tabac qui se trouvera à bord, excepté le cas de relâche forcée.

II.

LES Capitaines des Navires François ou Espagnols qui partiront des ports de France ou d'Espagne, lorsqu'ils seront chargés de sel ou de tabac, en tout ou en partie, seront obligés, avant de sortir des ports de leur Nation, de prendre des passe-ports, des listes d'Équipage & des certificats signés par les Ministres de la Marine, les Officiers de l'Amirauté ou autres à qui la connoissance en appartient, dans lesquels on exprimera la quantité de sel & de tabac que l'on aura embarquée, le lieu ou passage de sa destination, & le nombre des Mariniers; lesquels passe-ports, listes des Équipages & certificats, ne pourront être délivrés lorsque le Capitaine & le plus grand nombre de l'Équipage ne seront pas de la Nation.

III.

Les Capitaines des Navires François ou Espagnols à qui l'on aura délivré les passe-ports, listes d'Équipage & certificats, seront obligés, à leur retour dans le port de leur départ, de présenter des certificats des Consuls, Vice-consuls ou autres Officiers de la Nation, qui constatent qu'ils ont vendu ou débarqué leur cargaison dans le port de la destination.

IV.

Dans le cas où ils ne vendroient pas la totalité ou partie de leur chargement dans le port de leur destination, ils seront obligés de les déclarer au Consul ou Vice-consul de leur Nation, & de lui indiquer le nouveau lieu pour lequel ils le destinent; & à leur retour, ils présenteront des certificats du débarquement de la cargaison dans les lieux de chaque destination.

V.

Les Capitaines François & Espagnols qui, après avoir vendu ou débarqué leur chargement dans le lieu de sa destination, voudront, avant de retourner dans les ports de leur Nation, charger du sel ou tabac dans les ports où ils auront débarqué, ou dans d'autres, seront également obligés de prendre des Consuls ou Vice-conſuls, des certificats qui exprimeront la quantité & qualité du nouveau chargement, & ſa deſtination. Les Capitaines ſeront obligés de préſenter, à leur entrée dans les ports de leur Nation, d'autres certificats des Conſuls ou Vice-conſuls du lieu où ſe ſera fait le débarquement; & s'il n'y a point de conſuls ou Vice-conſuls de la Nation dans les lieux où ſe ſeront faits ces embarquemens ou débarquemens, les certificats ſeront expédiés par les Officiers de la Douane.

VI.

Les Conſuls des Nations Eſpagnole & Françoiſe, établis à Dunkerque & à Oſtende, ſeront obligés de ſe remettre réciproquement un état des Navires des deux Nations qui auront chargé dans ces ports du ſel ou du tabac; lequel état fera mention de la charge du Navire, de ſon nom & de celui du Capitaine, du nombre de l'Équipage, de la quantité du ſel & du tabac qui auront été chargés, & du lieu de la deſtination; leſquelles formalités ſeront obſervées par les Conſuls ou Vice-conſuls établis dans la Méditerranée, afin que les deux Cours puiſſent donner aux Conſuls de leur Nation les ordres convenables.

VII.

Toute contrebande d'eſpèces ou de marchandiſes abſolument prohibées, qui ſera trouvée dans tout Navire,

ſans diſtinction de grandeur, qui ſera entré dans les ports des deux Nations pour y faire le commerce, ſera ſujette à la peine de confiſcation : les Navires, le reſte de la cargaiſon, les Capitaines & Équipages qui, par d'autres Traités ſont exempts d'autres punitions, ſeront remis à la diſpoſition des Conſuls ou vice-conſuls de la Nation dont ils ſeront, pour être procédé contre eux ſuivant les ordres qu'ils auront de leur Cour.

VIII.

Les Employés & Officiers des Fermes des deux Couronnes, chargés d'empêcher l'introduction de la contrebande, auront la faculté d'arrêter toute eſpèce de petits Bâtiments de l'une & l'autre Nation, juſqu'à la contenance de cent. tonneaux, qu'ils rencontreront chargés, en tout ou en partie, de quelque contrebande que ce ſoit d'eſpèces ou de marchandiſes abſolument prohibées, à deux lieues de diſtance au large dans la mer, dans le voiſinage des ports, dans les embouchures des rivières, des cales & parages des côtes. Ce qui ſera de contrebande ſera ſujet à la peine de confiſcation avec le reſte du chargement; les Capitaines & Équipages ſeront remis, comme il eſt dit dans l'article précédent, aux Conſuls ou Vice-conſuls de la Nation dont ils ſeront, pour être procédé contr'eux ſuivant les ordres qu'ils auront del eur Cour.

I X.

Dans les passe-ports que l'on remettra aux Capitaines des deux Nations, qui chargeront dans leurs Navires du sel ou du tabac, on leur défendra de s'écarter de leur route sans cause légitime; & si par contravention ils s'approchent des côtes des deux Couronnes, de manière à faire des débarquemens, soit de bord à bord ou par le moyen de leurs chaloupes, ils seront arrêtés & visités par les barques ou pataches des Fermiers, & la contrebande qui s'y trouvera, sera confisquée; & à l'égard des Navires & Équipages, on suivra ce qui est stipulé dans les articles 7 & 8, & on donnera une notice formelle de la contravention à l'Ambassadeur de la Nation respective, afin qu'il fasse infliger une plus grande peine aux Capitaines & Équipages délinquans.

X.

Les Commandans, les Intendans des provinces & les Directeurs & Administrateurs des revenus des deux Couronnes, protégeront & donneront toute aide & assistance aux Employés des Fermes des deux Couronnes, & à leurs subordonnés qui sont établis sur la contrebande pour arrêter les personnes qui la font. Et les Contrebandiers Espagnols ou François qui seront pris, soit en Roussillon, ainsi que dans les autres frontières des deux Royaumes,

seront remis réciproquement à la Nation dont ils seront.

X I.

Les rondes ou brigades des Fermiers, placées sur les frontières des deux Royaumes, concerteront entr'elles leur travail, & se soutiendront réciproquement pour parvenir au but que l'on s'est proposé dans l'article précédent.

X I I.

Les pataches & barques destinées par les deux Couronnes, pour ce qui concerne les Fermes concerteront leur travail, & se soutiendront également. Lorsqu'elles croiseront sur les côtes, ensemble ou séparément, elles pourront arrêter ou visiter les petits Navires jusqu'au port de cent tonneaux, & à deux lieues au large dans la mer; & si elles rencontrent de la contrebande en espèces ou marchandises dont l'entrée est absolument prohibée, il sera procédé à la confiscation, en la manière qui y a été expliquée.

X I I I.

On ne permettra point, dans l'étendue de quatre lieues des frontières des deux Royaumes, d'autres magasins ou entrepôts de tabac que ceux établis par chaque Souverain, pour la vente & consommation de leurs propres vassaux.

XIV.

Les Intendans, Directeurs & Administrateurs des Fermes, les Consuls des deux Nations & les Chefs des Fermes des deux Nations, se communiqueront les avis qu'ils auront des Navires chargés de contrebande, & des personnes adonnées à ce commerce, qui passeront d'un Royaume à l'autre, & concerteront les moyens de les arrêter.

XV.

Les Capitaines des Navires Espagnols & François qui, par relâche forcée, entreront dans une rivière navigable, ou dans un port d'Espagne ou de France, autre que celui de leur destination, seront obligés de faire la déclaration de leur chargement. Les Officiers de la Douane auront le droit d'entrer à bord jusqu'au nombre de trois, aussi-tôt après leur arrivée; cependant ils resteront sur le pont, & se borneront à veiller à ce que l'on ne sorte du Navire d'autres marchandises que celles que le Capitaine sera forcé de vendre pour payer les vivres dont il aura besoin & les réparations du Navire; & les marchandises qui seront débarquées pour cet effet, seront sujettes à la visite & au payement des droits établis.

XVI.

Les chambres des Capitaines des Navires, leurs coffres

& ceux de l'Équipage, seront sujets à visite, ainsi que le contenu des Navires, afin que l'on puisse découvrir les marchandises de contrebande.

XVII.

Les Capitaines seront obligés de comprendre dans la déclaration du chargement de leurs Navires, les provisions de l'Équipage qu'ils ont sur leur bord.

XVIII.

Dans la déclaration que les Capitaines des Navires Espagnols & François, doivent donner de leur chargement, ils ne doivent spécifier que le nombre des balles ou paquets, caisses ou tonneaux que contient le Navire, en spécifiant la qualité de la marchandise.

XIX.

Quoiqu'il soit réglé qu'il ne pourra être fait qu'une seule visite dans les Navires d'un port au-dessus de cent tonneaux sans qu'il y ait des soupçons fondés que l'on a introduit dans ces Navires, depuis la première visite, des marchandises prohibées, on déclare ici que les Officiers & Employés des Fermes pourront faire une seconde visite sans le consentement du Consul ou Vice-consul, lesquels cependant, s'ils remarquoient une mauvaise conduite dans lesdits Officiers, & qu'ils se sont gouvernés par leur propre volonté & sans motifs fondés, formeront leurs plaintes afin qu'il y soit pourvu selon l'exigence des cas; & dans le cas de la seconde visite, on avertira le Consul ou Vice-consul, afin qu'il soit instruit qu'on va procéder à une seconde visite.

X X.

Dans le cas où il arriveroit des naufrages de Navires Espagnols & François, les Officiers de la Marine & de l'Amirauté, ainsi que ceux de la Douane, & les Gardes de pataches des deux Royaumes, seront obligés de donner avis du parage où le naufrage sera arrivé, aux Consuls ou Vice-consuls de la Nation du département respectif, afin qu'ils fassent les fonctions qui leur appartiennent, sans que lesdits Officiers puissent s'en mêler, à peine d'être punis.

X X I.

Pour éviter toute discussion sur le temps dans lequel les Officiers ou Gardes de la Douane peuvent se rendre à bord des Navires Espagnols & François qui arrivent dans les ports de chacune des deux Nations, on déclare qu'ils pourront se rendre à bord à l'instant que les Navires arrivent, même avant qu'ils fassent la déclaration de leur chargement, pour laquelle il leur est accordé le terme de vingt-quatre heures.

XXII.

Tous les articles de la présente Convention doivent être observés dans tous les ports & frontières des domaines des deux Souverains en Europe.

XXIII.

Le contenu de ces articles sera communiqué de la manière qu'on jugera le plus convenable par chacune des deux Cours, aux Chefs & Employés des Fermes, ainsi qu'à tous ceux qu'il conviendra, afin qu'ils soient instruits des règles établies, & de la conduite qu'ils doivent observer, & d'éviter par-là les inconvéniens qu'on a quelquefois éprouvés de la part desdits Employés, & même des Tribunaux, faute d'être bien instruit des arrangemens arrrêtés par les deux Cours.

Auquel effet leurs Majestés Très-Chrétienne & Catholique, ont offert de ratifier les présens Articles & Convention dans la forme la plus authentique, pour sa plus grande force & validité. En foi de quoi, Nous Ministres plénipotentiaires de Sa Majesté Très-Chrétienne & de Sa Majesté Catholique, soussignés, en vertu de nos pleins-pouvoirs, avons signé la présente Convention, & y avons apposé le cachet de nos armes.

Fait à Versailles le vingt-sept décembre mil sept cent soixante-quatorze.

de Vergennes. — d'Aranda.

(*L. S.*) — (*L. S.*)

OBSERVATIONS

Sur la Convention de 1774.

CETTE Convention fut sollicitée & dictée par les Financiers des deux Royaumes; l'interêt du commerce réciproque semblait avoir été entièrement oublié ; & les deux Gouvernemens ne paraissaient occupés que de l'intérêt & du soin d'assurer la perception des droits d'entrée & de sortie, de maintenir les prohibitions, de repousser ce qu'on appelle *la contrebande.*

Ils ont ainsi rendu beaucoup plus difficiles la communication & l'échange respectif des marchandises entre les Citoyens des deux Nations : Ils ont fait un tort considérable à l'une & à l'autre; mais ce n'est pas en suivant l'esprit du *Pacte de Famille*; c'est en s'écartant de cet esprit, qui, comme le dit d'une manière si touchante la Convention de 1768, serait, & est encore, *de ne faire des deux Peuples qu'un seul Peuple.*

D'après ce principe, vraiment philosophique, si fraternel & si clairement énoncé, il ne devrait y avoir d'une des deux Nations à l'autre, ni prohibitions, ni droits de traite : de même que nous reconnoissons la justice de n'en pas laisser subsister entre les differens Départemens de notre Empire.

C'est à nous à éclairer à cet égard l'Espagne sur ses véritables intérêts, à lui faire connoître les inconvéniens

& les abus des droits de Traite & des impositions inquisitoriales d'une Province à l'autre, & en procurant aux Espagnols, par le progrès des lumières, tous les avantages d'un commerce libre entre les differens Royaumes que comprennent les Espagnes, à y faire participer les Français.

L'esprit fiscal lutte en Espagne comme en France, contre l'esprit commercial & contre le génie de l'administration; mais on peut en Espagne comme en France, en triompher par les efforts constans & répétés de la raison; & lorsque nous aurons concouru par nos exemples & nos conseils à perfectionner le sistême de Finance de nos voisins, nous en profiterons comme eux-mêmes; car le Gouvernement Espagnol, depuis qu'il est passé dans les mains des Princes de la Maison de France, s'est montré religieusement fidèle à toutes ses conventions politiques. La Nation Espagnole est éminemment guidée par l'honneur; lorsqu'on lui rappelle ce qu'elle a promis, jamais on n'en éprouve un refus.

On s'est apperçu de part & d'autre du danger de livrer à l'esprit fiscal la législation commerciale; une partie des défauts de la convention de 1774, ont été corrigés par celle de 1786, que nous allons transcrire & qui règle actuellement le Commerce entre les deux Nations.

CONVENTION

CONCLUE

ENTRE LE ROI

ET

LE ROI D'ESPAGNE,

Le 24 Décembre 1786.

LEURS MAJESTÉS TRÈS-CHRÉTIENNE ET CATHOLIQUE, également animées du desir de resserrer de plus en plus les liens qui les unissent, de favoriser le commerce légitime de leurs sujets respectifs, & de prévenir les abus contraires à leurs intentions, qui pourroient naître de part ou d'autre, ont résolu de modifier ou révoquer quelques-unes des dispositions de leurs Conventions précédentes, & d'en ajouter de nouvelles qui leur ont paru les plus propres à remplir cet objet. A cet effet, Sa Majesté Très-Chrétienne a nommé & autorisé de ses pleins pouvoirs son Excellence Monsieur le Duc de la Vauguyon, Prince de Carency, Pair de France,

Chevalier Commandeur de ſes Ordres, Brigadier de ſes armées, & ſon Ambaſſadeur Extraordinaire & Plénipotentiaire auprès de Sa Majeſté Catholique : Et Sa Majeſté Catholique, ſon Excellence Don Joſeph Monino, Comte de Florida-Blanca, Chevalier, Grand-Croix de l'Ordre de Charles III, ſon Conſeiller d'Etat, & premier Secrétaire d'Etat & de Dépêches ; leſquels étant bien inſtruits des intentions de leurs Souverains reſpectifs, après s'être communiqués leurs pleins pouvoirs, ſont convenus des articles ſuivans :

ARTICLE PREMIER.

Tous les Articles de cette Convention ſeront réciproques.

II.

TOUTE contrebande en ſel, tabac, & généralement en marchandiſes prohibées, ſans aucune exception, chargée dans les navires qui ſe trouveront dans les ports reſpectifs, ſera ſujette à confiſcation, ſi elle n'a pas été déclarée dans le terme preſcrit par l'Article IV de la Convention du 2 Janvier 1768. Le bâtiment & le ſurplus de la cargaiſon, ne ſeront ni ſaiſis ni arrêtés ; & le Capitaine, les Officiers & l'équipage, ne ſeront ni punis, ni moleſtés en aucune manière, mais ſeront remis à la diſpoſition des Conſuls ou Vice-conſuls de la nation des bâtimens & Capitaines, pour être procédé contr'eux, suivant les ordres de leur Cour, qui fera part de la punition des délinquans, ou des mesures prises pour empêcher la continuation de leurs délits en cas semblables : observant que, dans les cas de récidive, la Cour qui devra faire punir les coupables, augmentera les peines & en donnera communication à l'autre Cour. Tout ce qui est énoncé au présent article, s'entendra de la contrebande faite dans les ports de chargement ou déchargement où il y a des bureaux de douane, dans lesquels ports les navires des deux nations seront entrés pour faire le commerce, ayant leurs passe-ports & papiers de mer en bonne & due forme.

III.

L'OR & l'argent qui se trouveront en monnoie d'Espagne à bord d'un bâtiment françois dans les ports d'Espagne, ne seront sujets à aucune confiscation, lorsqu'ils seront accompagnés d'un certificat du Consul Espagnol établi dans un port de France ou dans un port d'une autre nation, qui attestera que ledit or ou argent en monnoie d'Espagne, a été réellement chargé dans ledit port, ou lorsqu'il y aura à bord une *guya* qui constatera que l'extraction en a été légitimement faite des ports d'Espagne; & dans le cas où on découvriroit des falsifications dans les *guyas* ou certificats, ou lorsqu'on auroit outre-passé le temps qui y aura été fixé, on procédera à la confiscation & au châtiment des délinquans, en prenant auparavant les mesures nécessaires pour la preuve & la vérification du délit, sans détenir pour cela le navire, le Capitaine, l'équipage & le restant de la cargaison (1). Bien entendu que les sommes d'or & d'argent, ainsi certifiées ou accompagnées de *guyas*, comme il a été dit, seront déclarées dans les termes convenus par les traités & Conventions, sous peine de confiscation.

I V.

QUANT aux bâtimens venant directement des Colonies Françoises de l'Amérique ou des Indes, dans un des ports d'Espagne, dans le cas d'une relâche forcée, avec de l'or ou de l'argent Espagnol, les Capitaines devront en faire la déclaration à leur arrivée dans ledit port, & prendront à leur départ une *guya* de la Douane, sans payer pour ladite *guya*, ni pour ledit argent ou or aucuns droits. Quant à ceux venant de l'Amérique ou des Indes Espagnoles, avec de l'or ou de l'argent espagnol, dans le cas d'une permission extraordinaire, les Capitaines devront porter avec eux le registre dudit or ou argent.

V.

LA confiscation de l'or & de l'argent n'entraînera

(1) On déclare qu'il s'agit de ceux qui ne sont pas coupables du délit de la falsification ou de l'altération de ces papiers.

jamais

jamais celle du bâtiment, ni du surplus de la cargaison, ni la punition du Capitaine, des Officiers & de l'équipage; mais ledit bâtiment avec le surplus de la cargaison, sans avoir été ni arrêté, ni saisi, & ledit Capitaine, lesdits Officiers & équipage sans avoir été molestés en aucune manière, seront remis aux Consuls ou Vice-Consuls de leur nation, conformément à l'article II de cette Convention; observant que, dans le cas de récidive, la Cour qui devra faire punir les coupables, augmentera les peines, & en donnera communication à l'autre Cour. Tout ce qui est énoncé au présent article n'aura lieu que dans les ports de chargement ou déchargement, & dans lesquels il y a des bureaux de douane.

VI.

A l'égard de la contrebande que tenteroient de faire des bâtimens près les côtes & embouchures de rivières, dans les calles, anses & baies, autres que les ports destinés & appropriés au commerce, si un bâtiment est surpris en jetant ou ayant jeté l'ancre dans lesdites côtes, calles, anses ou baies (sauf les cas de relâche forcée, pourvu qu'il n'y ait pas de preuves que ce soit un prétexte, & dans lesquels cas le Capitaine devra faire avertir les Employés des Douanes les plus voisins, en leur déclarant les marchandises de contrebande qu'il a à bord, & lesdits Employés se conduire à son égard comme il est expliqué dans l'article X de cette Con-

vention), ledit bâtiment sera visité par les Employés des Douanes, & s'ils y trouvent de la contrebande, elle sera saisie & confisquée, & le Capitaine, l'équipage, le reste de la cargaison, & le bâtiment, seront jugés selon la loi de chaque pays, comme les nationaux qui auroient été surpris dans le même cas. Si le Capitaine ou une partie de l'équipage est surpris dans des barques ou canots, faisant la contrebande dans lesdites côtes, calles, anses ou baies, quoique le bâtiment ne soit pas à l'ancre, il en sera usé à l'égard de ceux qui seront saisis dans les barques ou canots, & à l'égard desdites barques ou canots, ainsi qu'il vient d'être dit dans ce même article.

VII.

Les Administrateurs des Douanes pourront exiger que les articles déclarés de contrebande, & même ceux déclarés de transit, si l'on soupçonne qu'ils contiennent des marchandises prohibées, soient manifestés au départ, dans le même état où ils étoient à l'époque de la visite, & même qu'ils soient déposés dans un magasin à deux serrures différentes, dont une clef sera dans les mains de l'Administrateur, & l'autre dans celles du Capitaine, pour être lesdits articles rendus & rembarqués sans frais ni droits.

VIII.

Dans la déclaration que les Capitaines des navires

Eſpagnols ou François doivent donner de leur chargement, ils doivent ſpécifier le nombre des balles, caiſſes, paquets ou tonneaux que contient le navire; mais comme il ſe peut qu'ils ignorent ce qui eſt renfermé dans leſdites balles, caiſſes, paquets ou tonneaux, ils énonceront en gros la qualité de ceux qu'ils connoîtront, & déclareront ignorer la qualité de ceux qu'ils ne connoîtront pas.

I X.

Les Capitaines ſeront obligés de comprendre dans la déclaration du chargement de leurs navires, le tabac néceſſaire à leur conſommation & à celle de l'équipage; ſi la quantité en paroît trop forte, on pourra exiger que le ſurplus de ce qui ſera jugé néceſſaire à ladite conſommation, ſoit mis en dépôt à terre pour leur être rendu à leur départ, ſans frais ni droits.

X.

Les Capitaines de navires François & Eſpagnols, qui, par relâche forcée, entreront dans une rivière navigable, ou dans un port de France ou d'Eſpagne, autre que celui de leur deſtination, ſeront obligés de faire la déclaration de leur chargement. Les Officiers de la Douane auront le droit d'entrer à bord, juſqu'au nombre de trois, auſſi-tôt après leur arrivée; cependant ils reſteront ſur le pont, & ſe borneront à veiller

à ce que l'on ne ſorte du navire d'autres marchandiſes que celles que le Capitaine ſera forcé de vendre pour payer les vivres dont il aura beſoin & les réparations du navire ; & les marchandiſes qui ſeront débarquées pour tel effet, ſeront ſujettes à la viſite & au payement des droits établis.

X I.

La viſite des navires ſe fera conformément aux articles IV, & VI de la Convention de 1768. Les chambres des Capitaines, leurs coffres & ceux de l'équipage pourront être viſités, afin que l'on puiſſe découvrir les marchandiſes de contrebande ; mais les effets & hardes à leur uſage ne pourront être ſujets à la confiſcation.

X I I.

Pour éviter toute diſcuſſion ſur le temps, dans lequel les Officiers ou Gardes de la douane peuvent, conformément à la diſpoſition des articles IV, V & VI de la Convention de 1768, ſe rendre à bord des navires Français & Eſpagnols qui arrivent dans les ports de chacune des deux Puiſſances, on déclare qu'ils pourront ſe rendre à bord à l'inſtant que les navires arrivent, même avant qu'ils faſſent la déclaration de leur chargement, pour laquelle il leur eſt accordé le terme de vingt-quatre heures, en ſe conformant pour le ſurplus aux diſpoſitions des articles IV, V & VI de la Convention de 1768.

XIII.

Dans les cas où il arriveroit des naufrages de navires Eſpagnols ou François, les Officiers de la marine & de l'amirauté, ainſi que ceux de la douane, & les Gardes de pataches des deux Royaumes, ſeront obligés de donner avis du parage où le naufrage ſera arrivé, aux Conſuls ou Vice-conſuls de la Nation du département reſpectif, afin qu'ils faſſent les fonctions qui leur appartiennent, ſans que leſdits Officiers puiſſent s'en mêler, à peine d'être punis.

XIV.

Lorsque les ſujets Eſpagnols paſſeront d'Eſpagne en France, ils ne ſeront pas moleſtés à leur entrée en France pour l'argent & eſpèces quelconques, effets, hardes, bijoux de leur uſage, pour leſquels ils ne payeront aucuns droits. Ils ne ſeront pas non plus inquiétés pour les armes défendues & autres effets prohibés qu'on trouveroit ſur leurs perſonnes, dont on ſe contentera d'empêcher l'introduction, en leur laiſſant la liberté de les renvoyer. Il en ſera uſé de même à l'égard des ſujets François paſſant de France en Eſpagne, à leur entrée en Eſpagne.

XV.

Les Commandans, les Intendans des Provinces, & les Directeurs & Administrateurs des revenus des deux Couronnes, protégeront & donneront toute aide & assistance aux Employés des Fermes des deux Couronnes, & à leurs subordonnés qui sont établis sur la frontière, pour empêcher la contrebande & arrêter les personnes qui la font. Quand les Contrebandiers Espagnols, après s'être permis la contrebande dans le territoire d'Espagne, & s'être réfugiés dans le territoire François, seront réclamés par l'administration Epagnole, il seront rendus. Cet article sera entièrement réciproque à l'égard des Contrebandiers Français.

XVI.

Tous les sujets François qui auront fait en Espgne la contrebande, de quelque espèce que ce soit, dans l'espace de quatre lieues de distance de la frontière, seront rendus pour la première fois, avec les preuves du délit, pour être jugés selon les loix Françoises. Il en sera de même à l'égard des sujets Espagnols qui auront fait la contrebande en France, de quelque espèce qu'elle soit, dans l'espace de quatre lieues de distance de la frontière; & ceux desdits Contrebandiers qui auroient commis des vols, des hommicides ou des actes de violence ou de résistance contre la justice, les rondes ou troupes ; & ceux qui, après avoir été rendus une première fois, retomberoient de nouveau dans le même délit, seront seuls exceptés de la disposition du présent article.

XVII.

Les rondes ou brigades des Fermes, placées sur les frontières des deux Royaumes, concerteront entr'elles leur travail, & se soutiendront réciproquement.

XVIII.

Les pataches & barques destinées par les deux Couronnes pour ce qui concerne les Fermes, concerteront leur travail, & se soutiendront également.

XIX.

On ne permettra point dans l'étendue de quatre lieues au moins de la frontière des deux Royaumes, d'autres magasins ou entrepôts de tabac & de sel, que ceux établis par chaque Souverain pour la vente & la consommation de leurs propres vassaux ; on se concertera même sur les moyens d'éloigner davantage, s'il est possible, lesdits magasins & entrepôts, afin d'éviter mutuellement cette occasion de contrebande, & après avoir pris connoissance de ceux qui existent présentement, les

Employés & Administrateurs respectifs des fermes ou douanes, qui seront trouvés en contravention, seront sévèrement punis.

XX.

Les Intendans, Directeurs & Administrateurs des Fermes, & les Consuls des deux Nations se communiqueront les avis qu'ils auront des navires chargés de contrebande, & des personnes adonnées à ce commerce, qui passeront d'un Royaume à l'autre, & concerteront les moyens de les arrêter,

XXI.

Pour prévenir les erreurs des Juges & Employés respectifs, ainsi que des Capitaines, Négocians & autres intéressés dans la cargaison des navires, on annexera ultérieurement à la présente Convention la liste des objets & marchandises prohibées respectivement; & les changemens qui pourroient être faits à cet égard seront également ajoutés ultérieurement à la présente Convention.

XXII.

Si l'une ou l'autre Puissance accordoit sur les objets de cette Convention une faveur plus étendue à quelques Nations etrangères, elle deviendra sur le champ commune à l'une & à l'autre.

XXIII.

Les Juges & Employés respectifs qui contreviendroient aux dispositions de la présente Convention, ainsi que de celles qui y sont rappelées & confirmées, seront très-sérieusement réprimés dans tous les cas, & ils seront même soumis à des dédommagemens proportionnés aux tort qu'ils auront pu occasionner, lorsqu'ils ne pourront pas administrer la preuve qu'il ont eue des motifs suffisans de croire qu'ils ne contrevenoient pas aux dispositions desdits articles, en se conduisant ainsi qu'ils l'ont fait.

XXIV.

La présente Convention sera imprimée, publiée & enregistrée dans les Conseils & Tribunaux respectifs & compétens des deux Royaumes. Celle de 1768 sera également imprimée, publiée & enregistrée dans les mêmes Conseils & Tribunaux, & subsistera pour tous les points auxquels il n'est pas dérogé dans celle-ci. Celle de 1774, quant aux formalités des passe-ports & certificats énoncés dans les articles II, III, IV, V, VI & IX & quant aux manifestes, visites, confiscations de monnoie, effets & marchandises prohibées, & punition des Contrebandiers, énoncée dans les articles I. VII, VIII, IX, X, XII, XIII, XVI, XVII, XVIII, XIX, XXI, sera précisément réduite aux termes, règles &

modifications exprimées dans la présente Convention. Quant aux autres points de ladite Convention de 1774, qui ne concernent pas lesdites formalités, manifestes, visites, confiscations de monnoie, effets & marchandises prohibées, & punition des Contrebandiers, ils subsisteront autant qu'ils ne seront par contraires à ce qui est expressément déclaré, amplié ou modifié par la présente Convention.

XXV.

La présente Convention sera ratifiée par Leurs Majestés Très-Chrétienne & Catholique, & les ratifications échangées dans le terme d'un mois, ou plus tôt, si faire se peut.

En foi de quoi nous, soussignés, Ministres Plénipotentiaires de Leurs Majestés Très-Chrétienne & Catholique, en vertu de nos pleins-pouvoirs respectifs, avons signé la présente Convention, & y avons fait apposer le cachet de nos armes. A Madrid le vingt-quatre Décembre mil sept cent quatre-vingt-six.

Signés, LE DUC DE LA VAUGUYON.

(L. S.)

LE COMTE DE FLORIDA-BLANCA.

(L. S.)

Nous, ayant agréable la susdite Convention en tous & chacun les points & articles qui y sont contenus, avons icelle, tant pour Nous que pour nos héritiers, successeurs, Royaumes, pays, terres, seigneuries & sujets accepté & approuvée, ratifiée & confirmée ; & par ces présentes signées de notre main, acceptons, approuvons, ratifions & confirmons ; & le tout promettons, en foi & parole de Roi, sous l'obligation & hypothèque de tous & un chacun nos biens, présens & à venir, garder & observer inviolablement, sans jamais aller ni venir au contraire, directement ou indirectement, en quelque sorte & manière que ce soit. En témoin de quoi Nous avons fait mettre notre scel à ces présentes. DONNÉ à Versailles le douzième jour du mois de juin, l'an de grâce mil sept cent quatre vingt-sept, & de notre règne le treizième.

Signé LOUIS, *& plus bas*, LE C[TE]. DE MONTMORIN.

CONSÉQUENCES

A TIRER DE CE RECUEIL,

Et réflexions ſur ce que les Nations doivent à leurs intérêts commerciaux & à leur ſûreté politique, indépendamment des Traités.

Tous ceux qui ont lu les Pièces que nous venons de publier, & qui conſtituent notre droit public actuel vis à-vis de l'Eſpagne, ſont ſans doute convaincus que nos relations avec cette Puiſſance, ſe trouvent établies ſur les meilleurs principes d'équité, de fraternité & d'intérêt bien entendu ; qu'il ne s'y était gliſſé qu'une ou deux ſtipulations, qu'on pût regarder comme injuſtes & dangereuſes ; que ces ſtipulations n'y ſont aucunement eſſentielles ; qu'en prononçant la nullité qu'elles tiennent de leur nature, nous ne porterons point atteinte au fonds de nos engagemens, ni au véritable intérêt des deux Nations ; & que nous ne pourrions nous refuſer à ſecourir l'Efpagne menacée, & peut-être attaquée par deux grandes puiffances maritimes pour un fujet de nulle importance, fans manquer à la bonne-foi, à la reconnaiffance, à l'honneur ; que nous ne le pourrions fans renoncer en même-temps à toutes nos autres alliances, & fans nous expofer, dénués de tout fecours, à tout ce que pourrait tenter contre notre commerce, notre Marine, & nos poffeffions lointaines, l'ambition de l'Angleterre & de fes alliés.

Ces confidérations font de deux efpèces.

Les premières font fi facrées, font tellement appuyées fur l'honneur & fur la morale, qu'elles devraient nous faire loi, même quand la conduite qu'elles nous prefcrivent, paraîtrait contraire à notre intérêt du moment.

Les autres font fi importantes, notre sûreté perfonnelle & notre profpérité intérieure, y font tellement liées, qu'elles devraient nous faire loi, même quand nous n'aurions aucun engagement politique, & quand nous ne ferions obligés à rien par aucun traité.

Notre commerce avec l'Efpagne foutient nos Manufactures, & occupe un nombre considérable de nos matelots. Nous montrerions une indifférence coupable sur le sort de notre Peuple, si nous permettions qu'une Puissance Etrangère vînt à main armée lui prescrire de nouvelles loix.

Quand la Nation Espagnole ne serait pas notre alliée, elle serait encore notre voisine, & nous aurions encore intérêt, droit & devoir, de maintenir, entre elle & nous, toutes les relations réciproquement utiles ; nous aurions intérêt, droit & devoir d'empêcher qu'elle fût opprimée, que sa marine fût accablée, que ses possessions fussent conquises.

Une alliance formelle n'est pas nécessaire pour donner le droit d'empêcher la guerre, & de repousser l'oppression que l'on voit tomber sur un tiers.

Il n'est pas nécessaire d'avoir une alliance formelle avec celui qui éprouve l'abus de la force pour s'opposer à cet abus. On doit même considérer qu'il ne s'agit pas uniquement d'examiner quel est celui qui a le premier ou le second tort dans une querelle dont on est témoin, mais d'en prévenir les suites trop fâcheuſes & d'arrêter l'excès dans une vengeance même légitime.

Un homme peut avoir eſſuyé une petite injure ou éprouvé un petit dommage facile à réparer, il faut lui procurer cette réparation autant qu'il eſt poſſible. Mais ſi dans ſa fureur il frappe outrageuſement ſon adverſaire, s'il veut le faire périr, s'il eſt au moment de l'immoler, s'il excède ainſi la meſure d'un reſſentiment tolérable, il devient coupable à ſon tour, & tous les aſſiſtans ſont obligés de le contenir, de le réprimer, de le combattre, s'il ne ſe rend pas à la raiſon.

Il y a donc des juges naturels parmi les témoins de toute conteſtation, ce ſont la raiſon, la morale, l'équité, la modération, la prudence; leur miſſion vient du Ciel, elle eſt indépendante de toute convention.

Cette miſſion, dont tout homme brave & ſenſé eſt revêtu, par rapport à tous les autres hommes, qui, ſous ſes yeux, s'abandonnent à des injuſtices ou aux excès de la colère, chaque Nation en eſt pareillement revêtue vis-à-vis des autres Nations. Mais l'obligation des Adminiſtrateurs & des Repréſentans des Nations, eſt encore plus impérieuſe; car un ſimple particulier ſe détermine par lui-même, relativement aux dangers auxquels peuvent l'expoſer les ſuites d'une querelle qui ſe paſſe en ſa préſence, il peut ſacrifier quelque choſe de ſa propre ſûreté, au dégoût de ſe mêler des affaires d'autrui; les hommes publics, au contraire, gardiens de la sûreté & des intérêts du Peuple, ne peuvent ni ne doivent laiſſer au haſard aucun des événemens qui importent à la conſervation de la Patrie. Ils ſont obligés de faire réparer les fortereſſes, & d'entretenir en bon état les rivières & les différens poſtes qui couvrent nos frontières; ils ſont également obligés d'empêcher autant qu'il peut dépendre d'eux, l'affaibliſſement des Nations liées d'intérêt avec la leur : car c'eſt une bonne fortereſſe qu'une Nation qui peut & qui doit vouloir nous appuyer contre l'uſurpation, & contribuer à maintenir notre sûreté, nos intérêts & nos droits.

Si cette Nation avait des torts, nous devrions employer toute notre influence ſur elle pour les lui faire réparer; mais notre Gouvernement;

nement, mais les Repréſentans de notre Peuple, ne ſauraient être libres de ſacrifier, d'expoſer notre sûreté générale en abandonnant ni nos alliés, ni ſeulement ceux dont l'exiſtence eſt néceſſaire pour mettre la nôtre à l'abri de toute inquiétude, ſous prétexte que ces alliés ou ces voiſins auraient eu quelques torts.

Dans la circonſtance particulière qui donne lieu à la délibération actuellement ouverte ſous les yeux de tous les bons Français, on ſait que l'Angleterre a *cent ſoixante* vaiſſeaux de guerre; que la France en a *quatre-vingt*, que l'Eſpagne en a *quatre-vingt* autres; que les deux Puiſſances alliées réunies balancent donc la Puiſſance Anglaiſe; & l'on voit que ſi la France & l'Eſpagne s'abandonnent mutuellement, le commerce de toutes deux, leurs pêches, leur navigation marchande, leur marine militaire, leurs Colonies, demeureront expoſés, ou plutôt ſeront livrés à tout ce que pourront vouloir l'ambition ou la vengeance de l'Angleterre.

Sans doute il faut que nous ſoyons juſtes, & nous pouvons l'être en offrant notre arbitrage, & en y portant toute l'impartialité qui convient à notre caractère national ; mais ſans doute auſſi nous devons conſerver, nous devons préſerver de toute atteinte poſſible, l'intégrité de notre Empire & la liberté du commerce, l'emploi des travaux qui font ſubſiſter nos ports, nos matelots, nos manufactures. Nous ne pouvons pas nous fier de l'exiſtence de tant & de ſi importantes parties de notre corps politique à la ſeule généroſité de l'Angleterre.

Plus nous eſtimons la Nation Anglaiſe, plus nous ſouhaitons entretenir avec elle une bonne intelligence, véritablement utile & deſirable pour ſon Empire & pour le nôtre, plus nous devons éloigner d'elle la tentation d'abuſer d'une inégalité de Puiſſance Maritime ; qui ferait le fruit de la diviſion qui nous ſéparerait de notre allié naturel.

Le moyen d'entretenir la paix qui nous eſt juſtement chère, eſt de montrer que la guerre, ſi elle avait lieu, ſe ferait avec une égalité, dont les riſques ſeraient ſupérieurs à tous les avantages, ou commerciaux, ou politiques, ou même de conquête, pour leſquels on voudrait déployer le ſignal des combats.

C'eſt quand l'égalité de Puiſſance & de péril ſe manifeſte, que la raiſon devient de part & d'autre le ſeul recours. La juſtice des Nations ne ſe borne donc pas à faire droit ſur les objets de conteſtation qui s'élèvent entre leurs auguſtes compagnes ; elle s'étend à maintenir entr'elles un équilibre auſſi parfait qu'il ſoit poſſible. Car entre des corps politiques indépendans, s'il n'y a point d'équilibre de Puiſſance, il n'y a nul garant que juſtice ſoit rendue, que les torts ne ſoient pas aggravés, ou que la vengeance contre un tort même réel, n'excède pas toutes les meſures de réparation que l'équité pourrait preſcrire & ne devienne pas à ſon tour une extrême injuſtice.

Il nous ſerait donc impoſſible d'abandonner l'Eſpagne à toutes les ſuites du courroux de ſon ennemie, & d'une ennemie qui ſe renforce d'alliés, ſans nous expoſer nous-mêmes aux plus grands malheurs ; notre intérêt évident ſuffirait donc pour nous obliger d'interpoſer à-la-fois notre ſageſſe & notre puiſſance, afin que les différends, relatifs au très-futile commerce du Nord de la Californie, ſoient accommodés ſans effuſion de ſang. Mais je demande à mes Concitoyens, combien cette obligation, fondée ſur l'intérêt, devient plus preſſante encore pour des Français, lorſqu'elle eſt en même-temps preſcrite par des conventions politiques, revêtues de formes que le droit des gens a rendu de tout temps ſacrées pour tous les Peuples, par des conventions qui, depuis près de trente ans, engagent l'honneur national, ont dû exciter notre plus juſte reconnaiſſance.

Il y a ſans doute des corrections à faire dans le Pacte de Famille. Un trait de plume peut en rayer deux articles & un mot d'un troiſième, ſans nuire en rien, ni aux droits ni à l'intérêt d'aucune des deux Nations, & toutes deux doivent s'y porter avec un égal empreſſement.

Mais ce qui eſt dicté par notre intérêt, ce qui eſt également utile aux deux Empires, eſt certainement obligatoire dans ce traité.

Ce qui eſt preſcrit par la bonne-foi, par le ſouvenir des ſervices rendus, ne peut pas être moins obligatoire.

FIN.

TABLE

Des Objets & des Matières compris dans ce Recueil.

Pages

Pages

FIN DE LA TABLE.

A PARIS, chez BAUDOUIN, Imprimeur de L'ASSEMBLÉE NATIONALE, rue du Foin-Saint-Jacques, N° 31.

www.ingramcontent.com/pod-product-compliance
Ingram Content Group UK Ltd.
Pitfield, Milton Keynes, MK11 3LW, UK
UKHW020336230726
13925UKWH00002B/821